U0465905

宗教智慧

z o n g j i a o z h i h u i

找回失落的宝藏

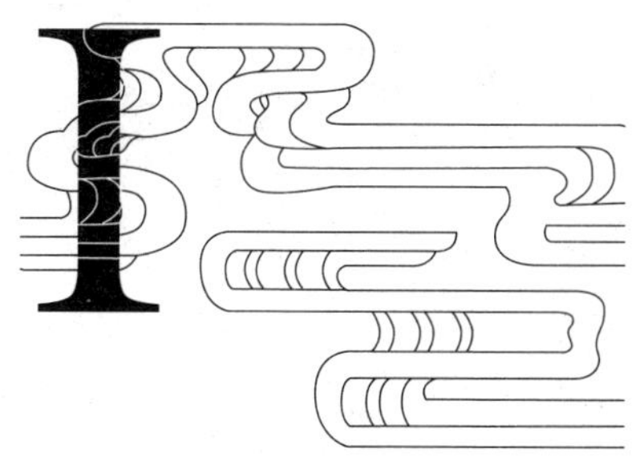

戈国龙/著

序

人的问题可分为三类：外环境问题、身体问题和心灵问题。外环境问题是身心问题的延展，身体问题是心性问题的呈现，故解决心性问题是解决所有问题的根本。医者的最高境界，不是能治疑难杂症，而是能“治未病”；行者的最高境界，不是能讲经说法，而是能“体悟证道”。

凡通达自在之人，必能理理无碍，理事无碍，事事无碍，至此方为“心解脱”，否则便是自我标榜。

有没有人能够把心性智慧和大道养生综合起来开示大智慧之道？有没有这样自在通达的高师？这些年来我一直在寻找。作为一名酷爱国学的企业老板，我接受过很多培训课程，研读过很多经典论著，参访过很多道观庙宇，拜谒过许多名师大德……虽然不时偶有收获，但终究如盲人摸象，难窥全貌！心里感觉越学越迷惘，越思越沉重。

为什么整个社会都这样浮躁？

为什么穷人富人都心灵不安？

为什么功成名就之人突然选择跳楼？

为什么有人辛苦奋斗自以为成功，而一夜之间又转眼成空？

为什么有人谈恋爱上十年，而结婚上十天就离婚？

为什么人人都想顺风顺水，而《道德经》却说“反者，道之动”？

为什么佛教提倡“诸恶不作，众善奉行，自净其意，是诸佛教”，而六祖惠能却说修行境界要“不思善，不思恶”？

为什么惠能大师直言“惟求作佛”，而地藏王菩萨说“地狱不空，誓不成佛”？

这些困惑许久的问题，我如果不学习，可能还能随社会大流，得过且过；但我偏偏喜好学习，有好几次深入思考不得其解的时候，开车还差点出了剐蹭事故！

这些困惑必须得到解决！但这些问题请教“名师”是搞不清楚的，必须得请教“明师”，我渴望能找到生命中的明师来为我指点迷津！

诚心真是有强烈感应的！愿力真是有强大力量的！在我日夜念想“明师”的时候，我的“明师”真的就神奇地出现了！不但出现了，而且还于2013年仲夏来到长沙十翼书院亲自开示讲授《宗教智慧与大道养生》课程！这位我心目中的“明师”就是曾经的南京大学少年大学生，北京大学哲学博士，现为中国社科院世界宗教研究所研究员、研究生院教授、观虚斋教学创始人戈国龙老师！

两天的课程，我充分感受到了法雨滋润，智慧流淌……

老师明言大道，振聋发聩，精妙的开示让我解决了心中一个个疑难问题：

——真正的“幸福”要革命，要超越外求，回归内心，我们不是去寻找幸福，而是返归内在已有的幸福的源头。

——全部修道的核心是要找出清明觉醒的无限意识状态，这才是真正的主人；只有主人存在的时候，一切修炼才有价值，那时候才会感到一切具足，不假外求。

——找到真正的“我是谁”，才是最高境界的养生！

——人的罪魁祸首是：人不觉知，做不了主，每个人都是散乱的、矛盾的、混乱的，痛苦是不由自主地发生的一种感受，幸福和快乐向外攀缘是靠不住的。

——科学与宗教两者的使命是不一样的，它们是相辅相成的关系，是人类文明整体进步的两个轮子，缺一不可。

——学习如何净化业习，净化种子，去掉苦根，不再执着，去小我，存大我，活在道中，才会回到精神意识的那个无限本源中。

——带着觉知，有意识地去享受并修炼当下的工作，工作场就是我们的“外丹”，不要纠结，不要跟自己对着干。

——人不能散乱，一个成熟的“自我”对人生发展是非常重要的一站，修行不是要回到“前自我”状态，而是要达到“超越自我”，不是简单地“消灭自我”。超越自我是比自我更高的状态，正如超越逻辑是比逻辑更高的状态。

——修道是正当的，光明的，积极的，向上的！

——灵性的生活是享受每一个当下，而不是为了达成哪一个目标；当每个当下都幸福了的时候，其实你的终极目标已经达成了。

这仅仅是从听课印象中记录的几句法语而已，其实现场中老师的话语比这些文字要美妙得多。在两天的时间里，真是字字珠玑，句句皆妙！智慧，慈悲，清凉，震撼，无须思考，喜悦自得！

——原来，科学与宗教相辅相成！

——原来，不论佛教、道教，还是基督教、天主教、伊斯兰教，除去宗教的外衣，还原仪轨的真相，我们真正要追寻的都是宗教背后的那个“道”！只是“一切圣人皆以无为法而有差别”。

——原来，真正的修道是要先完善“自我”，再超越“自我”，找到“真我”！“自我”无须消灭，“真我”不假外求，只有找到真我，修炼才有价值，只有找到真我，才会“行住坐卧”都是禅，“挑水劈柴”皆是道！

——原来，找到真我必须放下自我，不执着自我，慧能大师直言“惟求成佛”是彻底放下自我，地藏王菩萨“地狱不空，誓不成佛”是彻底地利他，同样是彻底地放下自我！

——原来，如果放不下自我，想成佛也是贪著；如果彻底放下了自我，不求成佛自然也会成佛。放下自我其实并没有一个真实的自我可以放下，只是悟透自我本空的幻象！

——原来财富来源于自己的“种子”，不是公司创造了财富，而是财富创造了公司，利益他人才是价值，赚钱盈利仅仅只是游戏而已！

——原来，只要破己利他，幸福不求自来！然而破己必须修行，修行的过程就是“完善自我，超越自我，发现真我”的过程，就是“破除我执，降伏其心”的过程！

——原来，“佛”也只是一个标签符号，其真正意义是“自觉，觉他，觉行圆满”！

我心开了！意解了！包袱放下了！带着笑容、满怀喜悦地回归生活！

这两天的学习是我人生最高的享受！

从此我感到冲破了无始以来的黑暗，找到从未遇见的明光！

我誓言：我将永远跟随老师的大智慧，在点亮自己心灯的同时，也竭尽全力去点燃他人的心灯，与老师智慧之灯光光辉映，以至无穷……

学生龙登科敬

2013 年 11 月 17 日

目　录

1 正式上课前的交代

在正式上课之前，我先交代一些事情。

首先的一件事情就是我们课程的一个方式：我们在每一个板块当中都安排有实修和静坐的时间，所以就把这个蒲团给准备上了，但是我们不要求你们一定要在所有时间内都是在静坐的姿势当中，只要保证专门实修的这一个小时之内静坐，其他时间是大家自愿。如果你觉得你实在坐不下去了，或者实在很难受，就到后面的椅子上去坐，来认真地听课。因为我们这个课程的特点是理论和实修的完美结合，而不是完全偏向一边。如果大家一直在静坐，那是偏向实修的一边，而完全坐在椅子上听课，那就是偏向理论的那一边。

这个蒲团我们已经准备了两层。你要坐的时候，把上面的那一层往后移一下，这样屁股可以垫高一点，能够把垫子前面的部分空出来放脚，这样你的脚可以双盘或单盘，单盘不行就可以散盘。要把后背提起来，不要歪头歪脑，不要弯腰驼背。大家保持一个盘腿正坐的姿势最好；如果你觉得自己的体力不够，静坐很难受，坐不下去，就坐到后面的椅子上听，听课的时候还是以理论学习为主。

我们这个课程除了静坐，还有一部分是行禅，要求行住坐卧都在禅定之中，都在禅修之中。从你们现在来到这个地方开始到我们吃午饭下课之前，这段时间你们都进入了一个内在工作的时间，你所有的心都要放到这个地方来，把你尘世间的一切全部抛开，我们甚至都没有给大家安排 10 分钟的课间休息的时间，没有！除了上洗手间之外，我们所有的心都放在禅堂用功上面。

坐着听课的时候已经是在修坐禅了，坐久了坐累了我会安排大家行禅。行禅就是围绕我们的课堂来走，走的时候每个人之间需保持一定的距离，每个人都做到不妨碍其他人，不碰到其他人。保持一定的速度，大家都以差不多的速度走，在走的时候我们来观心摄心，有意识地走路。

在行禅的过程中，我这里立了一根禅杖，我的禅杖会在某个不经意的瞬间敲下，当你听到这个敲下的声音的时候，不管你在任何位置任何姿势，不管你的思想停留在任何的状态里面，我们的训练之一是“停止”的练习，就是禅杖敲下来的一瞬间，你要完全停在当下：你的身体和姿势，哪怕你的手和嘴都是歪着，歪着就歪着，眼睛看到哪就看到哪，完全地停留在我敲下禅杖的那一瞬间的姿态，思想也停在那个当下不动。这也是很好的一个技巧，让我们的心从妄想之流中“截断众流”，啪的一声，把众多的妄念之流顿时脱开。我们不是要你在敲下的那一刻大彻大悟，至少在那一当下你会体会到我们心灵的另一个面相。我们除了在胡思乱想，或昏昏沉沉之外，有没有一个刹那警觉的瞬间，那一瞬间只有意识没有念头，只有觉知没有妄想，而那一瞬间净心的种子也是智慧的种子？

如果大家带着手机，请大家保持静音；我的手机已经开成了“飞行模式”，而且同时开启静音模式，双保险，绝对不会有任何声音出现。我们既然已经来到这里，哪怕你有天大的事情，现在我们已经进入一个闭关的阶段，“关”，就是把它关掉。你如果怕错失重要的信息，你就保持静音，再狠心一点就是关机。在你关手机的那一瞬间就把自己的心也从外界拉回到禅堂这个地方。

真正有意义的事情就是，我们生活在“这里”，而不是生活在“那里”；真正有意义的事情是我们能够享受“这里”，而不是去幻想“那里”。幻想别的东西都是妨碍我们解脱的。

今天来的人不多，但是不多也是好事。只有真正有意愿的人才会来，我们就是通过一定的方式来淘汰那些没有意愿的人。因为我们这个课程是一个比较内在的深入的灵性探索之旅，不是来忽悠人的，不是来凑热闹的，也不是来搞名气搞娱乐的。这个课程学员最好不要太多，所以今天的人数正好，从某种意义上来说今天的人不少。我记得佛陀第一次说法的时候，听众是5个比丘，那我们今天的人已经很多了。所以刚才有人问我失不失落，人这么少？我说一点都不失落，很好。我庆祝一切，接受一切。

这两天我们做一个实验，大家跟着我一起，来进入内在心灵的探索。把你尘世间的一切暂时放掉，这是在正式讲课前提醒大家的一些注意事项，做一些交代，现在我们来正式进入课程。

2 礼敬与皈依

进入这个课程的第一项，我们要礼敬。首先，我要向大家内在的灵性、内在的佛性或者道性致以敬礼！感恩大家，你们的灵性已经开始唤醒。昨天，你们来到这里就已经是灵性唤醒的一种表现；今天你们能够来到这里，那是真正的表现，你们已经经过了第一轮的考试和考验，所以不要辜负自己的灵性。每一个人都是有灵性的，只是它像一个沉睡的人，在那里睡着了没有醒来，我们所做的全部工作就是唤醒你内在的灵性。

第二，我们要礼敬佛陀！广义的佛就是觉者，所以我们要礼敬一切觉者。大家的心静下来，我们不讲仪式，但是你的心里要非常虔诚地来礼敬释迦牟尼佛！礼敬老子！礼敬孔子！这是我们中国儒释道三家的宗师。我们也要礼敬历代的先贤大德，历代悟道的祖师们，因为是他们传承了教法，点燃了我们内在本具的智慧心灯，让我们能够追随他们的脚步，一起踏上自觉觉他的菩提之旅。

礼敬完毕，我们要来谈一下“皈依”。我们这里没有任何的宗教仪式，可能你们有的人已经是佛教的居士，皈依过佛教，皈依是很重要的；我们这里强调的是一种真正的皈依，不仅仅是一种形式上的皈依。所谓的皈依，就是把你的身心投入到佛、法、僧三宝当中，而这个“三宝”代表什么？佛代表觉，觉者、觉性；法，代表一切真理的教法和正法；僧，代表一切修行有所成就的人。所以“三宝”里的“僧”不是狭义的理解，不是只要是出家人就是我们要皈依的僧宝，不是说我们就是皈依出家人。也有部分的出家人就把僧宝理解为“我是僧，你们要皈依于我”，这是一种我慢的心理。当然，我们要尊敬出家人，因为他们走上了出家的道路是值得我们尊敬的。但是究竟而言，你要走真实的道路，不需要那些宗派门户的执着。佛教真正的意义，绝对不是一个自限门户的宗教，它是一个完全开放的宗教。皈依佛法僧三宝最核心的意义就是皈依我们的自性三宝。我们每一个人都有内在的觉性，每一个人都有真理的种子，每一个人也都有我们纯净美好的一面。三宝也是在我们纯净的内心之中本具的诸面向，我们的自性本来具足三宝的功德。外在的三宝是我们内在三宝的体现，正因为我们迷失了，我们不知道自己的自性三宝，所以我需要皈依一个外在的三宝，但其实外在的三宝只是为了唤醒我们进入自己内心的三宝。

下面我要朗诵一下观虚斋教学的一首皈依偈，大家可以跟我一起读一遍：

超越宗派门户见，
自性三宝常皈依；
我执法执尽无余，
愿证实相得加持。

这是皈依最真实的意义，这是要消除我执、法执投向三宝，进入了实相就体悟了自性三宝，进入了实相就跟诸佛菩萨同一愿心、同一境界，这是得到真正的加持。

在这两天里面，我来扮演一个导师的角色，这并不意味着我会认为自己是一个成就者或者是什么大师，但是在这两天里，我的角色就是导师，我要入戏演好这个角色。你们在这里，希望你们也要入戏，你们要把自己放在一个合适的位置。

你们应该怎样观想？导师是什么？导师是三宝的化身，是三宝的人身代表；如果你们皈依了三宝，那么要对现在在扮演导师的这个角色有恭敬心，要放低你们的身段，要能够耐心地倾听。你们在这里不是跟我交流，不是来跟我探讨，也不是来跟我辩论，这些是毫无意义的。唯有把自己放到最低的身份，唯有把导师放在最高的身份，你得到的加持才会是最大值，你受的法益才会最大化。假如你们观想你是导师，把导师观想成学生，那不是你得加持，那是你在加持我，那是我得法益。

要想学习什么，一定要先把自己的身段放到最低，这不意味着是一种迷信，唯有你先认真地倾听和理解，你才会得到真正的法益，得到加持。两天之后课程结束，咱们从这个戏里面出来，你怎么瞧不起我都可以，怎么评判我也可以，都没有关系，但是这两天我们要进入自己的角色来演好这场戏。我相信大家能够做到。

当你虔诚地放下自己而真正臣服的当下，不是我的水平有多高，而是这个臣服的当下你就已经受益了，这一瞬间你能够放下那个自我，放下小我，放下执着，你就已经走在灵性的道路上。

3 我们这门课程的特色

大家要明白，我们这两天来到这里是要干什么？我们不是来参加一个成功学的培训。现在社会上很多的培训班，虽然有各种不同的利益，但是他们的目标是指向了人生所谓的成功，就是指你商业上或某个领域得到成就，自我在社会上有地位，得到尊敬。这种成功学的培训有它的意义，我不是否定它，但是成功学的培训跟我们灵性的课程是完全不同的维度、不同的层次。成功学的培训更多的还是一种“生存性”维度，而我们是来探索一个根本的“存在性”的奥秘。我们要探究的是那个终极性的问题：我们的生命是什么？我们为什么会在这里？活着到底是干什么的？有没有终极的解脱？终极解脱如何可能？通过什么样的方法能够清理出我们内在的空间，让我们的佛性、觉性得以呈现？

大家一边听一边可以进入状态，不需要费力地听，你能够听进什么就听进什么，过了就过了，没听清楚的就把它放下，你只要总关注着当下。总关注着当下是为了什么？我们不要有所求，不要回想，能够接受的它自动就接受，不能够接受的就让它不接受，一切都好，没有问题。我们的人生中会有这样那样的困惑，有这样那样的烦恼和问题，我们也在不断地寻找方法来解决我们生命中的问题。但这就像在水里面按一个球一样，它一定会从另外一个地方又跳出来了，一个个化解，化解了一个问题，新的问题又出来了，层出不穷。所以，这种对治式的化解只有相对的意义。

我们需要寻找的是一种根本的智慧，或者说是人生核心的智慧。有了这种根本的智慧，我们从昏睡的生命状态中觉醒；有了这种根本智慧，我们能够从容应对人生的各种问题，能够面对各种际遇，保持内心的坚定不动。所以观虚斋教学的课程，它跟一般的社会上的课程有不同的层面。我们是要解决人生的核心问题，是要追寻生命的大智慧。我们现在讲的这门课程，就是要汇通宗教的核心智慧，来解决人生的根本问题。

这门课程，它体现的是观虚斋教学独特的宗风：不执着于任何宗教的名相，而只着眼于宗教的核心；既不是纯粹的理论教学，也不是纯粹的工作坊的体验方法。不是纯粹地在打禅七搞修炼，而是理论教学和实践体验的完整统一。这是我们这门课程的特色。

在这两天里面，我们要达到一些我们所期望的目标。我们这门课程，首先要在理论上，完成对宗教智慧的一个整体的、贯通的把握。我们不是在讲一门一门的具体的宗教知识，不是来阐述佛教的起源、佛教的发展阶段、有哪些宗派，也不是讲道教有哪些教派、有哪些历史。我们去掉这个宗教的外衣和包装来追问宗教的核心智慧是什么？所以这门课也是把我对宗教智慧的理解和体验来做一个整体的诠释和表达。

在我们的教学讲义当中我们列出了很多的纲要，但是这些纲要是我们从课程的整体性的考虑来列出的，其实这两天是讲不完的。任何一个主题如果我们深入下去，恐怕一两个小时都打不住，所以这是一个完整的体系。这两天我们不一定能够把所有的主题都深入地去讲，但是我会讲到一些最重要的或者对我们当下最有用的一些主题，后面有一些带 * 号的内容是供我们大家以后去思考，或者以后有机缘、有时间我们再来深入的主题。

这两天的理论教学我们分为四个板块：第一板块是生命论，第二板块是本体论，第三板块是工夫论，第四板块是境界论。我们形成的是一个对宇宙和生命作整体理解的大致的体系和框架，但是我们不是去搞纯逻辑化的体系，从 A 提出 B，从 B 提出 C，1、2、3、4、5，逻辑递进。我们只是有一个一个这样的主题，由这些关键的信息点或者智慧元，来构成一个松散的体系，这些点之间是互通的、打通的。从一个点深入，会涉及其他点，每一个点深入，都会涉及根本的问题。我们会在讲课之中再根据大家的反应来决定我们要讲哪些主题，每一个主题讲到什么程度，有时候我们会根据课堂的情况来随机把握。

以上是在理论方面教学的情况，下面要讲实践方面。

我们既然讲到“大道养生”，养生就会牵涉到实践，牵涉到练功、体会。所以我们要加入实修的环节：静坐、站桩、行禅等等。包括我们听课的时候，其实也在提醒大家的状态。所以理论和实践的结合，理论教授和养生智慧的结合，这是我们这门课程的特色。

在实修的部分，我们会在每一个板块安排一种主要的方法来教大家修炼，来体验，还会教一些辅助的方法，这样两天下来我们会学到很多关键的、很重要的方法，这些方法如果你深入下去，可以说涵盖了所有宗教的根本性的一些方法和奥秘。为什么要讲这么多方法而不只讲一种？因为每一个人的情况是不一样的，你们的根器和兴趣是不一样的，有些学员可能喜欢这个方法，一下子就进去了，而另一些喜欢那些方法，所以我们多提供几种，是供不同的人去找到相应的方法。

当你找到一种最合适的方法的时候，你就用这个方法，不要跟别人比较。没有说哪个方法一定高，哪个方法一定差，不要有高级和低级的比较。我们要看是不是应机的法，应机的法对你来说就是最高的法。所以，不是应机的法，再高，对你来说也没有用。

现在我们要进入内在灵性奥秘的探索之旅，我们一起来探索生命的奥秘、宇宙的奥秘。我们一起来开启心灵的实相、一种新的思维方式和一种人生的新境界！我们不是仅仅来传授某种秘诀和特殊的方法，我们还要把这种方法的原理和奥秘传授给大家。当我们真正懂得这个修道的原理之后，我们就掌握了修道的炼金术，掌握了炼金术，你自己就可以创造金子，不需要再向别人求取金子。

大家注意，平时坐着看书的时候把椅子往后靠，不要坐在后面靠在椅子上，屁股只要坐在椅子前部三分之一的位置上。这样坐着看书的同时还可以观心，千万不要靠着坐，这样腰脊是弯曲的，也很容易昏睡。看书的时间也可以和静坐同时进行，我们要修行，时间是可以好好利用的。你坐着看书的时候，做任何事情的时候，都可以当作修行来进行。

4　从人的现状讲起

我们现在正式开始理论教学的部分，先讲第一板块：生命论。

在我们安排教学的时候有两种思路：一种是从本体论到生命论，一种是从生命论到本体论。为什么我们还是要先讲生命论呢？我们最切近的问题是从生命开始，由此再反问、追溯宇宙的根本问题和本体问题。一方面本体论是生命论的一个理论背景和理论基础，但同时生命论的本身又是更契合、更切身的问题，很多本体论的问题其实是从生命论的一个投射而得到的，我们对宇宙的理解与对生命的理解都是相关的，两者最后是统一的。

生命论需要我们从人的现状讲起。

我们为什么要修行？为什么要进行灵性的探索？我们首先要反观人的现状是什么？我们现在的问题是什么？我们这里所讲的人的现状不是做社会学的分析或经济学的分析，不是一般学术研究的那种分析，我们是从灵性的角度观察人的现状是什么，跟觉悟的状态相比，人最主要的问题出在哪里？

我们可以用一句话来概括：人的现状是一种不能做主的随外在影响而机械反应的高等生物机器。虽然我们是一个人，有无限的潜能，但是到目前为止，我们还停留在一个高等机器的阶段。这样讲并不是贬低人，而是如实地观察人的现状，从一种更高的角度来看人所体现的一种视角、一种认识。

我们在生活中可以作一些观察。与人打交道的时候，如果你是很有意识地在打交道，你会发现绝大多数人的所作所为都是不由自主的反应，不是由自己做主的，都是随着外面的一个刺激，外面的环境给一个干涉而自身起了一个回应。这个回应，不是自己有意识地去回应，而是被动的反应。

比如两个人开车不小心碰撞了，吵架了，这时候两个人的表现完全是一个自发的无意识的反应。开始可能是小事，但是如果A说了一句不好听的话，B就怒火大开，再说一句更难听的话，到最后拔刀相向，杀人了。他们真的想杀人吗？最后他们每个人都后悔，但是罪过在哪里呢？就是因为一般人他是无法做自己的主人的，他是被他自己的习气、习惯这种情绪的业力所控制，他自己也不知道他下一句会说什么、下一步会做什么。

再比如说我们观察两口子吵架。一开始，A方关注的是一件小事，然后他不小心表达了一下，但是对于B方来说，听成了另外一件事，然后触动了她心里的某一块伤疤，马上就觉得来火，她就回应了另外一句，然后A方再开始跟着转移，然后这个话题就不断地转移。他们不是围绕一个中心来说话，谁都不知道他们的问题在哪里，就开始吵得不可开交，然后闹离婚。走到离婚登记处旁边，进去办手续的时候，A 冷静下来了，觉得不行，然后就开始忏悔，B 的心就跟着转，一连串的反应，他们就回去了。

不断地有这样的故事上演。我们不需要去分析人的一个一个具体的问题，诸如贫困、身体健康、各种各样的情绪之类，这所有问题的根源在于我们不能够觉知，不能为无意识的所作所为负责任。

我们负不起这个责任，因为那个负责任的人不在。

那是谁存在了？我们每个人都在说我怎么怎么样，都自以为有一个我，但是恰恰是这个“我”不能做主，这个“我”只是一个临时的代表。也就是说在我们一般人的生活状态当中，我们不是有一个我，我们是有一大群我。成百上千个我，每一个我站在台前的时候自认为我能够代表这个生命，可以对外宣称某些事情，振振有词，发表“我爱你一万年”的誓言等等。这是那个当下的我说的一句话，但是这个我负不了责任，时过境迁是另外一个我在场。这许许多多的我，都是自我的不同的表现，这许许多多的我组成一个整体的自我，但是这个自我本身又不是统一的，而是分裂的，是由一个个不同的我组成的。

打一个比方，就好像我们企业里有许许多多的员工，每一个员工都有机会站在台上来声称，他能够代表企业老板来做些事情，但是他毕竟是员工，不是那个真正的老板。这样一来，企业就乱了，企业对外发言声明我们企业要怎么怎么样，但是其实这些都是不算数的。所以在这样一个状态当中我们每一个人都是散乱的，是朝着不同的方向去发展的，内心里是矛盾的、混乱的，我们不知道真正的自己，不觉知生命真正的意义。

这样一来，我们所谓的幸福或者痛苦，都是不由自主的一种发生。我们无法找到持久的安宁，我们没有那种不被打扰的宁静和发自内心的喜悦。我们的快乐或者不快乐很多时候都取决于外在。今天别人给我一个笑脸我心情愉悦，而碰到另外一个人我心情就很痛苦。所以我们把自己的幸福和快乐都交在了外缘之上，这种心就叫攀缘之心。不断地攀缘，一个攀缘之心是谈不上幸福的，这就是我们人的现状里面一个最根本性的问题。

我刚才所讲的这些话，不是指某个阶层的人，不是讲资本主义的人或者社会主义的人，不是讲富有的人或者贫穷的人，我讲的是普遍的人。大家都有不同的生活经验，像我是在学术界，见过各种各样的大牌教授，但是你用刚才这种说法或者这种理论来观察一下，他虽然是大教授，一样是不能做主的，是无意识的，他真正地在追求什么，搞不清楚。名啊利啊，这都只是一种表面的追求，其实都不能解决他的问题，他的外在表现也是不由自主的反应，也是取决于外在的刺激。或者一些身居高位的人、高层的官僚，他们活得统一吗？他们的心也是乱的，他要应付各种不同的场面，每天逢场作戏说一些心不在焉的违心的话。

所以，这个问题不是你得到某种身份，得到某种社会地位，拥有多少财富就能解决的。要解决这个问题就要走上灵性的道路，走向内在的道路，走向灵性的觉醒。这条道路的目标是什么？我们已经讲到人的现状和人的问题，那我们的目标就是从这种昏睡的状态中醒来。走向清醒，这就是所有灵修的目标。

佛者，觉也。觉知、觉悟、觉醒，千言万语不过是要指向这个“觉”，从这种昏昏欲睡、散乱不堪的状态中醒过来，做一个清醒的人、自觉的人、把握自己命运的人，找到自己那个生命真正的存在，活出他的喜悦，活出他的饱满，活出他的智慧，这是我们进入灵修道路的一个前进的方向。

但是，走向清醒的道路，不是一帆风顺的，不是平坦的，是一种很艰难的道路，需要持久的愿力，需要不断地去努力。要走向清醒，它需要一定的条件，我们讲两个大的关键的因素。

第一，要有与灵性的知识、奥秘的知识的一种联结，要能够听闻到、接触到关于人的昏睡及其觉醒的一种教理和教义，并与这种教义和教法保持一种关联。

对于大多数人来说，没有听过这方面的知识，没有意识到人的问题，无缘听闻佛法、道法，听闻这种智慧的教育和教法，他不接受这个教育，他就不可能走向清醒。为什么？因为他不认为自己在昏睡之中，也不认为自己有什么问题，自己昏昏欲睡而又不承认。他都没有意识到自己的散乱，没有意识到自己的妄想，没有意识到自己不能做主，没有意识到他不记得自己。这样的话，他怎么可能走向觉醒！他没有走向觉醒的意愿，他就不会去想我要通过什么样的方法去解决问题。

要保持与奥秘知识的联结，就要跟那些已经清醒的人在一起，接触诸佛菩萨们的教诲和大德们的传法，关注各类灵修的资讯。

第二，在这种联结的过程中，上师扮演了一个非常重要的角色。比如说我们一大群人都在昏睡当中，都在做着梦，你指望一个昏睡的人去敲醒另外一个昏睡的人，大家说可能吗？他自己还在昏睡，他能叫醒你吗？所以在走向清醒的道路上保持与上师或导师的一种关联和心灵的相应，这是一个很大的助缘，它能帮助你清醒。像藏传佛教、禅宗等都非常强调上师的重要性，没有一个已经在一定程度上清醒的人来指导你，凭我们大家一群昏睡的人之间来互相帮助，是没有用的。我们要去帮助别人什么，首先我们自己要有，我只能帮助你我已经有的东西。

现在有很多的老师也在讲课，也在说法，但是为什么很多时候不能起作用？就是因为有的老师他本身就没有体验，自己都不够清醒，自己都不知道怎么回事，以盲引盲或者为了别的利益的问题，那就成了歪门邪道了。

无论是奥秘的知识还是上师，实际上就是一种觉醒的信息，这个信息很关键。如果大家走上了这种觉悟的道路，你要不断地跟这个觉醒的信息保持联结，那就不仅仅是这两天的事情，回去以后你的床边、你的枕头边、你的书架上要放着这些觉醒人的书，有空没空要去看看他们的书。放假了，有空了，有时间了，有机会你要拜访那些有所成就的人，跟他们保持关联。你不要一有时间就去找人打麻将，用卡拉 OK 去打发时光，打发时光只是把生命消耗掉，不是一个正向的成长。

一个真正的求道者，有道心的人，他会把他生命中能够利用的一切时光去尽量地跟这些灵性的信息、灵性的导师保持联结，这种联结、这种加持一点也不神秘，这就是一种薪火相传。近墨者黑，近朱者赤，你天天跟什么样的人在一起，你就会受他的影响，所以你的生命要得到灵性的成长，就必须去寻找那些灵性等级比你高的人，跟他们保持联结，等到你成长到一定高度的时候，去帮助比你阶位低的人。能不能帮助到别人那是另外一回事，但是你要有愿力去帮助别人。在你成长的过程中，你老是跟社会上不三不四的人、游手好闲的人、无所事事的人在一起，你的生命就被他消耗掉了。

当我们掌握内在修行的根本精神以后，如果你没有上师、没有老师在旁边，你就跟自己在一起，跟灵修的书籍在一起，回到你内在的世界，那里面就有精神的安顿，有无比的清凉，不需要找其他人聊天，没有用。

你的目标是要走向清醒，而清醒本身有不同的阶位和阶段。完全不觉，是凡夫；有所觉但不够圆满，是道中人，是不同阶位的行者。你发的菩提心虽然还没有证悟，但你是发心菩萨，所以发心很重要。究竟的觉醒、究竟的觉悟就是佛，佛是自觉觉他的圆满。所以在这灵修的道路上我们要不断让自己成长，走向自觉；到一定的程度我们还要不断地去帮助别人，去觉悟他人，自觉觉他，走在菩提道上，成为一个菩萨行者。最终，我们是要走向一种生命的自由和解放。

我们现在的社会学、政治学或者经济学上也在讲这个自由，讲解放，每种学科讲的都有不同层面的意义。经济学、政治学上的革命解决的是社会关系，社会上的不平等，社会地位的不平等，剥削与被剥削的关系，但是这个从根本上来说，不能终极地解决社会问题。一个人上台了马上就变成他以前所反对的那个样子，对手上台也一样，因为他毕竟还是一个俗人。人本身的革命，是所有外在革命的前提和基础，我们只是去革别人的命，革社会的命，但是自己本身没有革命。没有这种心灵的革命，没有内在世界的革命，外在的革命是会变形、变质的。没有一个真正的人存在，他们口号叫得再好，等他上台以后还是一样，因为他是一个俗人。你不能怪他，他就是这个水平。

我们要得到真正的自由和解放，就得从本质上获得自己的自由、自己的解放，要成为自己生命的主人，这是我们从事一切工作、得到一切成就的基石，是最根本的部分。因为就现有的状态而言，我们自己就是奴隶，就是外在环境刺激下的一个反应，我们是一台机器，我们不能做主，我们处在奴隶的状态，我们自己本身就是奴隶，我们的所思所想所作所为都不能自己做主，这样一种状态我们不可能得到一种真正的幸福。

所以我们要进行自我观察，要观察自己，反观自己，自我研究，探索自己。这首先就要得到一种自我认知，认知到我们生命中不同的生命结构和生命中心，要找到自己生命的主人公。我们处在一种昏睡的机械的状态，要得到清醒就不可能通过机械的方法来获得，必须通过有意识的内在工作才能获得，这是一个律则。机械的方法导致的是机械性，只有有意识的自觉的行动才能导致更有意识。

如果有个人教你一套功法，教你一套机械的方法，教你怎么怎么做，这种训练最多只会改变你身体的某个状态，但是不会增加你的意识，因为他是完全机械的。所以觉醒一定要靠观察、观照，不断增进自我觉知、自我意识的能力。这种意识的成长与进化是我们修行最核心的地方。你是不是玩花架子，是不是停留在修行的表面，就是看你的这个意识能不能得到扩展，你的觉知的能力、自觉的能力能不能得到提高。

“观察”和“观照”，这个“观”字，是所有修行里最核心的东西，这也是我将书房取名为“观虚斋”的一个原因。“观”字放在第一位，没有观照就没有意识。

胡思乱想不可怕，怕的是你不知道，所以要观察你的胡思乱想；做白日梦也不可怕，可怕的是你不知道自己在做白日梦，当你观察你的白日梦的时候，就不一样了。你的自动联想，你的坏毛病、坏习惯，你不由自主的动作，你情绪的冲动，你头脑的胡思乱想，这都是我们凡人的状态里面有的东西。现在我们要增加一个新的维度，我们要去观察它，当我胡思乱想的时候就添加了一个新的因素，这个观察本身就能够打断我的胡思乱想。你不是一定要去控制它，拼命地控制自己不去胡思乱想，你只要冷眼旁观它，看看是谁在胡思乱想？不断地观下去，提高观的能力。

实际上是不是能够不断地持续地观察自己，这是衡量你内在工作有没有进步的一个标志。凡夫起了妄想，根本就不觉，一个修行人起了妄想，有时候能觉，有时候就不能觉。有时候是隔很长时间才能觉，有时候是当下即觉，这就是不同程度的觉知。念头生起的当下，马上给予正观，觅烦恼了不可得，觅念头了不可得，这就是很高的境界。

这里我们讲了人的现状，我们前进的道路，清醒的可能性。怎么才能达到内在的解放和自由？其关键的要素是什么？这也是理了一条线索。

5　我是谁

现在到了我们静修的时间了。

姿势尽量轻松，不必要太费力，这样我们身体的能量可以节省一些。散盘、单盘、双盘都可以，把姿势调好了。

我们今天上午主修的法门，是现代的一种参禅的法门。我们结合了传统的参禅法，但是也加了现代的一个变化，因为现代人的情况已经不一样了，也没有前面的基础，如果直接用参禅的方法根本就不知道怎么回事。

我们今天参悟的就是：我是谁？从现在开始，你心里有一个问题、一个疑情：我是谁？我刚才讲了，人其实有很多的我，但是那都不是真正的我，都是临时的代理，现在我们要参悟：我到底是谁？我在哪里？通过对这个问题的参悟，你会从心理上来影响你的能量结构，来进入你内心，开启觉性的空间。万缘放下，什么都放下，只提起一个问题、一个话头：我是谁？要发自内心真正地去追问：我是谁？

你说我是某某公司的职员或某某公司的老板，这是你外在的身份，这不是你的真我，这和你是谁这个问题没有关系，因为我们要问的是你真正的存在核心，与外面的身份没有关系。你是这个身体吗？身体也是你的一个体现，但那个身体不是你，身体的哪一部分又能代表你呢？你的五脏六腑都是可以换的，能代表你吗？大脑是你吗？大脑是一个生物电脑，后面操纵电脑的人是谁？人最大的问题是把自己的头脑当成自己，其实头脑只是你的工具，而不是主人。

诸我之所以混乱不堪，是因为没有找到那个统一的中心点，所以我们要不断地向内追问。你的思想不是你，思想飘过也就没有了；你的念头也不是你，念头生起的当下也就找不到了，消失了。不要走掉！要提起这个问题。

下面我给大家讲一下传统的禅宗参禅的方法、它的意义。大家继续参，我一边跟大家讲。我们现在不能完全用传统的方法，但是我们要讲它的意义何在。

参禅参话头，参一个问题，关键是要起一个疑情，就是我们自己内心真正发出一个疑问：我是谁？这个问题一直敲打着你，使得所有其他的问题都不重要；你不能放下，所以你心里一直有这个问题，有这样一个疑情。真正的我是什么？我到底是谁？这不是为了让你得到一个哲学的答案，一个概念或命题，这些是没有用的，因为这些东西不能解决“我是谁”的问题。这个问题不能通过概念化、逻辑化的方式去解决，你说我是“真我”，我是

“佛性”，或我是“觉性”，这都是毫无意义的。要把这个疑团一直疑下去，这样把你的心集中在一个点上，才能到达专一之境，从这个专一之境再爆发，再由定生慧。

所以这个问题的解答不是一种哲学，也不是一个概念，不是一个标准答案。当你的疑情不断地集中，集中到爆发的时候，你的问题消失了；没有问题，也不需要答案，呈现出一个宁静的空间。它不是一个概念而是一种存在，是这种存在呈现出来，你自己有一个坚定的明白：“哦，我知道了。”这种知道不是某种概念的了解，而是体验到了那个纯粹的、自然的存在状态。

但在这里我们不仅仅是用起疑情的办法，我还会用正向引导的办法来提醒大家，结合大家的状况，我要不断给大家提示，让你进入某种状态，这是现代的一个方便法门。

当我们追问我是谁的时候，若有任何概念化的答案肯定都是错误的，我是“什么什么”，那后面的“什么什么”都是错误的。我是我的肉体，肯定不对；我是我的思想，也不对；我是我的念头，还是不对。我是这些后面的东西，这些“我是什么”的“什么”都不对。我们要追问的是什么呢？那是“我是什么”前面的这个“我”，还没有定向化，没有对象化，没有变成任何有限的对象。我们认同于肉体的时候，那是肉体我；认同于思想的时候，那是思想我；认同于情绪的时候，那是情绪我。在还没有任何认同之前，没有任何的分化之前，有一个纯净的空间，没有名称，没有概念，没有形状，没有大小，没有色彩，什么也没有，任何概念、任何意念、任何心念都没有生起的时候，从那里面就可以露出消息来。

警觉！不要昏睡，不要胡思乱想。如果通过刚才的参问，你已经体验到某种无形、无边、无色、无感的一个纯粹的、清醒的、灵性的空间，你就保持在这个状态，安住在这个状态；如果你的心还乱，你就不断地提起这个问题。

大家还是太严肃了。把眉心展开一点，放松、微笑、轻松，要做一个欢喜菩萨，不要愁眉苦脸。

我们第一阶段主修的这个参禅的方法就先体验到这里。这只是给大家一个简短的体验，如果大家觉得这个方法对你来说很合适，很容易进入状态，你可以回去再用这个方法，我们静坐还没有结束，只是说第一个方法结束了。腿太麻了可以活动一下，但是心境中静坐的状态不变。

下面我们讲第二个方法，辅助性的方法，叫“回溯”，往回返溯、返追，回溯我们生命的源头。不是让大家现在收功，继续！腿受不了可以换个姿势。这一个小时一直在观看当中，但是这一个小时我会让大家体验不同的方法，看看哪一种方法最合适，找对你的接口，一插就进去了！其实这个方法也不难，等你找对了，它进去了，就好了。

怎么叫回溯生命的源头？老子说过“复归于婴儿”，“复归于无极”。先复归于婴儿，每个人都从你现在的人生起点开始往回追，在功态当中往回追，回想你人生中那能够记得的有意义的片段，不断往回追溯。这个追溯和你的胡思乱想是不一样的，这是我们有意识地去想一个问题，大家一定要分清楚，有意识地思考是一种内在的工作，是一种观想的境界，无意识地思考是被动的自动联想、胡思乱想，现在我们要主动地去思考。

你不是心静不下来吗？现在我们让你主动地去想，但是我现在给你指点一个模式：怎么去想？回想你的青春时代青年时代，那种生龙活虎的时刻，那种美满的时刻，生命中那些愉悦的庆祝的时刻；再回想你的少年时代，天真烂漫的童年，无拘无束的童年，童年中那些还能记得起的片段是什么？凡是你现在还能够记得起的童年的片段，都是对你人生比较有意义的片断，你所能记得的这些片断，也是你比较清醒的片刻。大家观察一下，为什么我们现在还能够记得很多年以前的事情，恰恰是在那个片刻我们比较清醒，比较有觉知，或者比较有意义，比较快乐，所以我们能够记得。

再往回溯，想你在你母亲的怀抱时的状态，婴儿的状态。你们有没有人能够记得婴儿时期的状态？有没有在摇篮里期待妈妈回来时候的感觉？妈妈离开时你在哭的那个感觉，还能找到吗？能不能回到婴儿那种天真烂漫，无忧无虑，什么都不想但是很警觉的时候？其实孩子是很警觉的，周围的一举一动他都能够知道，但他都没有分别。所以《道德经》里面说，小孩不断地哭但是嗓子不会坏，他的精气神很饱满。他没有多余的能量发散，没有操心，没有思想，没有念头，只有纯粹的感觉；在那个状态，他能够感觉到一切，但是没有去分别它。

进入婴儿状态以后再往回返溯，你的父母还没有生下你之前你在哪里？你是什么？把你后天接受的一切信息、一切东西全部放下，回到先天的境界。当你父母还没有生你的时候，当然没有你现在的一切，所以所有操心的事件也没有了，所有挂碍的心也都没有了。

当你这样回溯的时候，在你回溯的瞬间里面会有一个画面，你自己特别有感觉的，就停在那个画面当中，就不要再管我了。比如说：一轮明月，当空朗照，很小很小时候的你在明月之下，感受到那种温暖，那种美好、纯洁，小孩子有一种天真的喜悦，和法喜差不多，也是没有来由的喜悦。感受那个月光，感受那个月色，感受那个心境，体验婴儿的心态，这就很接近这个状态了。如果再把婴儿心态回到父母未生前，那就找到你是谁了，所以这个辅助性的法门和前面的主修法门是相关的。

要记得是你自己主动地自觉地去观想啊！不要变成被动的胡思乱想。主动地回溯你的人生，回到婴儿状态，回到那些美好的时刻，找到那种感觉，找那种朦朦胧胧没有分别心，但是还是清醒觉知的那种感觉，找到自己少年和童年时那种天真美好的时光。把你们脸上的那些沉闷、眉头紧皱的状态去掉，这样就笑了。你像一个孩子一样，天掉下来都跟你没有关系，生活中有太多的牵挂，太多的问题，这些问题都塑造在我们脸上；现在我们要把它们全部放下，让你的心灵重归童真，重返天真。

下面我们再进入另外一个方法，我们要回溯这个宇宙进化的历史。刚才我们是从人生往回溯，找到童年和婴儿状态，再找到父母未生你之前的先天境界。现在我们把回溯的目光投向更大的背景，逆着这个世界的演化进程，我们可以往回追溯。整个世界往回追，追到远古的时代，洪荒的时代，回到释迦牟尼的时代，再回到更前面的时代。前面是什么？原始的时代，没有现代文明的一切。你回到原始的状态，放下现代文明加给你的一切教化，你就是一个纯粹的生命。

你就是动物世界里面的一员，你就是一个动物。注意！这不是不文明，这里不是骂人。我们主动地进入某种动物状态的时候，这是一种智慧，但是我们不自觉地像动物那样行动就愚蠢了。我们体验动物的那种无分别心。有没有看见过一头驴子在烦恼？有没有看见过一只狗在斤斤计较？动物看起来是那样的生气勃勃，能量焕发，为什么？马就是吃草，没有吃什么好东西，为什么能够跑那么快？难道这些动物里面没有一种智慧值得我们去学习吗？所以我们从动物身上学习，再回到原始人那个状态，原始人的体能比现在的人要强多了，因为他们没有那么多头脑的计较，他身体的本能会发挥得更好。你可以想象一头牛的状态，一头野生动物的状态是什么，其中没有任何人为的计较、操作以及分别。

再往回溯，回到那个植物的时代。你想象你是一棵大树，立在旷野中从来都不会寂寞，它的根基深扎在大地里，而枝条延伸到天空当中。它顶天立地，不是在那里死气沉沉地待着！它不被打扰，它跟整个的自然界融合。想象你是一棵树，你踢树一脚树会生气吗？它不会生气，因为树没有自我。我当年在南大站桩的时候就用过这样的方法，当时对我来说很有效、很管用。当你主动地有意识地觉知地变成一棵树的时候，这是高境界。这是比树更高的一个境界，树是前自我的状态，它还没来得及发展自我，它是无意识的无自我，而当你主动地变成一棵树的时候，这个时候的无自我是一种超越自我，是经历了自我的阶段、自我的烦恼之后再回归到自我超越的一种状态，那是一种比树木更高的境界，但是在练功方法上我们可以比喻自己回到一棵树的状态。你真正进入到一棵树的状态的时候，你已经不是一棵树的状态，那是我们所要的那种有觉知有意识、但是没有杂念没有分别的状态。

静坐剩下的时间不多了，所以大家抓紧时间。能够多得到几个宁静的片刻，多有一些觉醒的瞬间，多有一些回归当下、回归中心的感觉，你就成功了。我们不要求你这一个小时就能够始终在状态之中，但是你要多有几次体验。每个人的收获每个人自己知道：有多少时间在昏沉在妄想，有多少时间曾经进入那种灵觉不昧的状态。

好，现在大家开始把意识收回来，准备收功。慢慢地从宁静里面回来，感觉到你周围的世界，感觉到你周围的环境，感觉到你的身体，感觉到你要出定了。好，把眼睛睁开。现在要做一个正式的收功，大家现在坐着不动，先把手提起来，向无限的宇宙展开，整个世界回来，从头顶上慢慢往回收，归入丹田，归到人体最中间的中点，然后拍打全身，把整个气脉贯通。然后活动起来转圈（圆柱形的运动），静坐后一定要加强按摩和运动，整个静坐到结束一定要有一个过程。

收功后我们继续行禅，行禅 5 分钟，我们再讲一堂课，就结束上午的课程。这个行禅也是修行，当你有觉知地在走路的时候就是最好的休息、最好的锻炼，动静要配合，坐久了要走一走，走久了要坐。大家都跟前面一个人要保持合适的距离，然后一个跟一个。很轻松地观照自己，不要很费力，不要把它当成很费力的事情，很轻松地和自己在一起。每一个人都有他自己的关注点，有的人觉得观照丹田特别能进入静心，有的人是关注肚脐眼，有的人特别关注脚趾头就能够身心合一，但是这个点你可以自己找。身心还没有合一，也可以关注你身体的整体感觉，你的心和身是在一起的，要感觉自己的每一个细胞都是放松的，很轻松，很自在，很喜悦。

“道”在日用之中，生活中处处都有禅，当你的心一观照，一警觉，当下就是！当你警觉地在吃饭，吃饭就是在修炼；当你警觉地在走路，走路就是修炼。啪！截断众流！什么都不要管，就停在当下，不要动。手在什么位置就在什么位置，每一个姿态都停留在当下，你的情绪、你的感觉、你的思想都停留在当下，体会那个全然停止的感觉。等你找到这个觉知，找到这个窍门的时候，你将来随时“啪”一下，自己进去，只有这一刻，没有过去没有未来。现在大家就像十八罗汉，每一个罗汉入定的姿势都是不一样的，但是都入定了。

6　我们的所作所为都会留下它的印记

前面我们讲到人的现状和问题，走向清醒的可能性，这只是从外围给出一个方向、一个目标，但是为了能够做到意识的清醒，我们要对意识内部的结构进行解剖，其实我们每一个人的意识内在都是一个广阔的世界，是一个无比复杂庞大的结构、一个仓库。

在整个意识的结构当中我们可以分出两大层次，一个叫“显意识”，一个叫“潜意识”。我们表现和显现出来的那个意识是显意识，但是在我们意识的这个大海中，意识的这个仓库里面还潜藏有无数的意识，这些意识还没有显现，但是它们是以“种子”的形式存在于我们的“阿赖耶识”之中。我们所显现的意识，仅仅是很小的一部分，就好像海面上的一些波浪，对整个的大海来说，波浪只是显现的很小的一部分，但是海底还有很多的火山、暗礁和各种各样的景物。我们每个人都具有很复杂的意识结构，每一个人的某一个时间都只能显示他的一部分，或者说是表象，可是内在有一个很深的潜在的结构。

我们要讲一下这个种子的概念。种子是唯识学里面很重要的一个概念，也是我们了解人的意识的奥秘的一个核心的概念。在我们的潜意识里面有很多无意识的种子，这些种子没有时刻呈现出来，但它们有生根发芽的可能性，有显现出来的可能性。种子是如何形成的呢？可以说我们任何一个精神的体验，任何一个精神的印象，都会化作种子保留在我们意识的仓库里。我们起心动念，每一个念头都会留下它的印象、印记或痕迹，它就存留在我们那个意识的胶卷之中、底片之中，保留了一个印象，这就是种子！

比如说，我们在楼下吃饭，里面有某些菜特别对我的胃口，我自己起了一个念头：这个菜太好吃了！有了一个很好吃的印象、感觉，它很及时地留下一个种子在我的印象和意识里面，无论是好的或坏的印象，只要你一执着了，生起了一种执着心，它就会有相应的种子产生。种子产生以后就会有记忆，以后就会现行。下次我吃饭的时候还在这个餐厅，我很可能会再吃一次这个菜，就是那个种子要现行一下，要消掉我们当时的那个种子。

这个简单的例子里面没有什么好坏，也不一定是什么问题；但是反过来说，所有的罪恶也都是罪恶种子的现行。比如说你曾经看见一个人从银行提款，提了一大笔钱，你心里产生一种很想抢银行的意念，但是当时并没有抢，这就留下了一个罪恶的种子，将来缘分到的时候就会开始抢这家银行，虽然在抢银行的时候也许没有什么心理准备，怎么突然去抢了呢？也许是在很长时间以前，他动过这个念头，他已经有种子存在了。

不光是抢劫，别的情况也是一样的。很多犯罪就是因为心里遗留下了很多的种子。对美味、美色等感官享受的执着，包括我们谈情说爱，感情上的执着，也都是种子的呈现。你为什么爱上一个人？相见的时候你起了一个什么样的念头，动的什么心，留下了什么印象，这些会形成种子，影响你后续的发展。

我们的所作所为都会留下它的印记。身、口、意这三个方面，我们的行动、语言表达和所思所想这三个方面都会留下相应的印记，留下了种子，说得严重一点就是在“造业”。这就是为什么佛家讲“因果报应”，它不是从一个外在的强迫性的角度来讲，不是有一个别的什么力量在惩罚、在看着你，比如说有一个宇宙的法官，你做了坏事他就会惩罚你。因果就在你意识的种子与现行的转换之间呈现出来，你种下什么样的种子，将来就会开什么样的花，结什么样的果，这里面是一个相续性的因果链条。

你长期说坏话、做坏事、起坏的念头，这些种子就会变成恶报，将来就会呈现出来。从另一面说，我们修行就是要从净化身、口、意三业来开始，你要说好话、做好事，坚持做好人，积极行善。行善之心很重要。当你行善的时候不是你行善以后别人来奖赏你，而是当你行善的时候你的心态，这个状况就留下了善根的种子。所以真正的修行人要警觉自己的起心动念，你发什么样的念头很重要，开始还没有影响别人，还没有表现为行动，但是它已经留下种子了。一念心动，虽然没有犯罪，但是已经有罪业的种子；一念行善，即使他还没有开始行善，但是已经留下善业的种子。

这个心的状态、心的动机是很关键的。一个人如果做了些什么事，也许是无心的，没有坏心，没有坏念，这个时候没有留下种子，那就不一定有果报；或者你表面是在做好事，但是动机是坏的，那你留下的种子可能是坏的种子。以无住之心、以智慧之心去做好事，那你留下的是菩提种子，你积的是功德；如果没有发愿，没有菩提心做引导，你即使行善，也只能得到一些福报，但是它不会成为你菩提道上的资粮。

为什么发菩提心这么重要？我这里说这个话不是有宗教概念，不是强调其宗教性的一面，其实每一个修行人都要发大愿之心。我想成就什么，我想成为什么样的人，我想朝着什么样的目标前进，这个愿心是很大很大的一个力量，它会规范你以后的身、口、意三业，来做一个主导。也就是说在我们人生的系统当中，我们有很多的小思想、小念头，相当于小的应用软件，但是这个愿力却是我们的操作系统，我们其他的应用软件要在这个操作系统的基础上运行。

愿大、愿正的人一定会成就正念、正行。如果你愿上已经歪掉了，从根基上，从一开始的方向上，从源头上有问题的话，那无论你怎么用功，最后还是没有好的结果。这就是我们为什么要强调正见，强调正确的修行理论的指导，你不懂原理、不懂方法，光是拼命去练，那也许还是在造业，不一定能解脱。

正因为我们的意识仓库是这样的庞大，里面有无数的种子，所以修行从某种意义上来说是一种艰难的过程，它涉及我们意识仓库里面所有业力的种子的净化。我们人为什么不能做主？为什么是无意识的？为什么是昏睡的？为什么妄想这么难除掉？就是因为我们意识的仓库里面有大量的潜在的种子，这些种子形成了一个惯性的力量，它要不断地把你拉回去。

这些潜在的种子，从消极上来说是我们存在的业力，妨碍我们精神的成长；从积极方面来说，它是蕴藏了巨大能量的宝库（智慧的宝库），我们要把潜在的意识和能量开发出来，转化为你能够做主的清醒的意识。这也说明每个人都有巨大的潜能可以开发，因为这个仓库里面有很多的种子你可以开发，修行的过程可以说是一个不断地深入你的潜意识、净化你的潜意识，让你的潜意识逐渐变成觉知的意识这样一个转化的过程，最终的目的是让我们成为“全意识”，潜意识与显意识完全统一，这时候我们没有一点意识的阴影，不再受潜在意识的支配，我们能够自觉、自主、自在，成为一个彻底觉醒的人。

7 意识进化的现象学

“潜意识”这个概念在弗洛伊德的心理学里面很重要，但是他们没有修行的这个维度，他只是分析人做梦是什么原因，只是不断地解释意识的潜在印象，没有提升的维度。而在佛学、道学里面，它涉及整个潜意识种子净化的过程，潜在能量开发的过程，这是我们讲的“灵性心理学”，或者叫作“奥秘知识学”，和一般的心理学是不一样的，不是一个维度的。

你拼命去解释人的梦，解释了半天其实是没有用的，因为弗洛伊德他自己还是在做梦，他对别人梦的解释还是在梦中说梦，这个梦的解释到最后任何烦恼都不能从根本上得到解决，弗洛伊德自己的烦恼自己都解决不了。

把这个梦解释得很清楚，其实没有太大的意义，这只有普通心理学上的意义，有时候能找到人心理上的症结来源于什么，然后设计一些技巧来把它化开，这在某种程度上也能够解决一些心理上的问题。但是这个不能从根本上解决人的烦恼，要解决人的问题要从觉性上着手，要从种子的净化着手。

在走向觉醒的过程中，我们的意识会呈现不同的状态，从这种意识的不同的状态，我们可以看出人的发展的可能性。

我们提出一个“人的发展”的课题，这个人的发展是指什么？不是外在的地位、外在的金钱数量的发展，我们讲的发展是人的内在素质的发展，是讲人存在的觉性的开展。

在这个意识的发展过程当中，可以区分出意识的四种不同状态：

一种就是人的睡眠意识状态。我们大多数人是在梦境之中，偶尔会有深睡无梦的时候，但很短，虽然无梦，你也不是觉醒的。

第二种状态就是我们平常人的“日常意识”的状态，这种状态我们常人把它叫作清醒的状态，就是不睡觉不做梦了。我已经讲过，这种清醒是“俗谛”上的清醒，就是世俗上讲的“我是醒着的”，没有睡着；但是我们深入地分析的时候，这实际上还是一种昏睡的状态。他虽然没有在床上睡着，但是心态是昏昏欲睡的，是没有觉性的，他不断地胡思乱想，这种胡思乱想不是自己能够做主的，他是被动的。这两种状态，不管是睡眠状态，还是我们所说的日常意识的状态，实际上我们可以把它们都归结为“昏睡”的状态，也就是我们在“人的现状”那个主题下面所讲的“人目前的实际状态是什么”之所指。

第三种状态，我们把它叫作“觉知”的意识状态，也可以称之为“记得自己”的意识状态，这个时候能意识到自己，觉知到自己。当你在胡思乱想的时候，在昏睡的时候，你突然反观一下自己，这个时候就有一个觉知的片刻。人的一生当中不管你修行还是不修行，都会有某个瞬间自己清醒的片刻，大家要注意；只不过我们很多人错过了，不知道。你回想你的生活当中肯定会有很多清醒的时刻：既不胡思乱想、也不散乱昏沉，清清楚楚、明明白白。这就是我们为什么说佛性是本有，我们要去唤醒的是这个状态。不是说你从来没有呈现过，只不过对于大多数人来说，他呈现过后他不记得了，他也不看重它，他也不知道怎么回事，最后还是一生昏昏欲睡地过去了。当我们走上了修道之路，走向了灵性之旅，我们要特别关注这些清醒的时刻。

比如说你早上一觉睡得很好，醒来的时候第一个刹那，还没有来得及胡思乱想，那就有一个灵觉的片刻；当你的生活中一帆风顺、轻松喜悦的时刻；当你走进大自然，在旅游的时候看见壮观的美景，你的心情一下子被震撼，你融入了一个存在，可能会有某个清醒的状态；当我们读某本好书，读某个觉者的书、修行的书、灵性的书的时候，我们在书里信息的指引之下，可能会有片刻的精神闪光，有清醒的片刻，意识到自己那个真正的生命。还有一种情况，其实在恋爱或者性生活的时候也会有某些美好的片刻，清醒的片刻，这个时候你忘掉了人世间的很多东西，而回归到了当下的存在。这也是为什么很多人在不断地追逐爱情的原因，虽然爱情会给很多人带来痛苦，但是它有很多美好的瞬间，能够让你的意识得到扩展。在爱之中，你和万物相融合；在爱之中你臣服了，放下了自己。把爱情再升华一个阶段，就是神爱，是神即爱、爱即神这种更高级的意识状态。当然世俗的爱情是有问题的，他们是建立在自我欲望的基础之上的，所以这种爱情迟早要出问题，迟早要反目成仇，迟早要变成一场战争。这是我们讲觉知的意识在生活中闪现的那个片刻，显现这种状态的机缘具有不同的可能性。

第四种意识状态，我们把它叫作“觉醒”的意识状态，也就是觉悟的意识状态。这是一种完全客观的意识状态，不再有任何人为的分别心，它是能够如实地看待这个世界，如实地看待自己，如实地觉醒周围的一切，这是一种完全觉醒的状态。这种状态是前面那种觉知的意识状态的升华和完成，前面这种是偶尔的一闪光，到了第四种状态就变成了一种结晶，一个不再会消失的点，就是你真正地把这种状态变成了你修行的成果。

对修道过程来讲，这个意识状态的不同层级、不同发展，我们还可以进一步地分析，我们来分析人的认知的不同境界。

在禅宗里面有一句话：“知之一字，众妙之门。”“知”这个字是所有修行里很关键的地方，知就是你知不知道，有没有意识。不怕念起，唯恐觉迟，起了念头不要紧，你知道自己有妄念就行了。后来又有另外一位禅师，看到很多人把这个“知”世俗化和庸俗化，好像每一种“知”都是觉悟之知，所以他就批了几个字：“知之一字，众祸之门”，将“知”错误地去理解了，就是祸事了。

现在我们要对这个“知”进行全面的解释：什么样的“知”是众祸之门？什么样的“知”是众妙之门？我们从凡夫状态到觉悟状态来看“知”的不同，不同的层次、不同的程度。

第一种“知”我们把它看作是知道某件事情、知道某个对象、知道某个物这样的一种“知”，这是外向的“知”。这个时候我们的“知”被意识的对象所带走了，我们有分别心了，我们的注意力集中在我们所知的那个对象上了。这也是我们大多数认知的一个状态：我们看见什么就被看见的那个对象所带走，我们去认知那个对象了；我们听见什么声音，就被那个声音带走，去分析那个声音；看见什么颜色、接触到各种对象，我们都在对象上粘住，被这个对象所带走了。这样的认知，能所宛然，能所对立，有知有对象，有能知有所知，这种知就是我们常人第六意识的知，这还是在“迷”当中的“知”。如果我们把这种“知”当作解脱，就是“众祸之门”了，因为这只是凡夫之知，我们只是知道对象，但是忘掉了自己。我们的这个知是在向外发展，往外看，只关注外在的对象。就像很多人说自己的知识很渊博，他只是看不同的东西看得很多，但是自己从来没有反过头来看一下自己，这个意识的主体性不突显，这样的人知道得再多也只是个书呆子，他的意识没有得到发展。

第二层次的“知”，是一种观照，是有意识的“知”，是我们修炼过程中有觉知的“知”。这个时候，我们在知道某物的同时，我们还对知道某物的这个意识有一种观照；我们的意识不仅仅是投向认知的对象，我们还要同时反过来了解认知的主体。这是一个双向的认知。我看一朵花的时候，没有被这个花带走，而是反过来知道自己在看这朵花，这是一个有觉知的看。同样是看，有的时候我们是完全往外发散的，有的时候我们是要回收的，同时在看的时候我还意识到我在看，这是一种修道过程当中的觉知，是有觉知的意识。这样我们在走路时，同时觉知到我们在走路，而不是仅仅知道走路。这种知，还是有能有所，没有完全融通，没有完全合一，但是已经开始结合，开始融通，已经脱去了对观察的对象的那个“粘”字，不完全粘在那个对象上面，而是回到了那个能知的主体状态。这种知的发展，可以转成“妙观察智”，我们能够获得一种既认知外部世界，同时又不被外部世界所迷，而能够觉知我自己的这样一种智慧，叫妙观察智。妙观察智是第六识有了觉醒和转化以后，转第六识而成妙观察智，在没有转之前，我们完全就被认知对象所带走，这个时候就是迷中之知。这是我们讲的第二种知的状态。

第三种知的状态叫“现量之知”，就是一个认知的现量，虽然有认知的对象，但是没有分别心，这是我们的眼耳鼻舌身等前五识接触到对象时候的一种认知。眼睛看见某个颜色、某个对象的时候本身没有分别心；耳朵听到某个声音的时候，本身也没有分别心，这是现量的认知。分别心是什么时候起的呢？当眼接触色的对象、耳闻到声的对象的时候，我们的第六意识参与了前五识的时候，后面来了第六识的分别作用，这个才是分别心。所以前五识这种现量的认知，与第六识的配合就变成了分别之知；如果能够与我们的觉性相配合，就能转前五识为“成所作智”，也就是唯识学讲的能够成就我们的认知能力而又不执着的一种智慧。

第四种知是没有任何觉知对象的一个知，虽然没有觉知的对象，但是还有一个我，有一个能知的主体在，这种知属于第七识的知，唯识学里把它叫作“意根”，执第八识为我的一种知。这种知虽然没有被对象所带走，但是隐隐约约有一个我，这个“我”就限制了这个意识的广大和沉静，它就变成有限的执着的一个知，这个知就是第七识的认知。要把这个我执化掉，把这个我相去除了以后，才会转第七识成“平等性智”，认识到万法在本性上是平等的。

第五种知是纯粹的“知”，也就是“知之一字，众妙之门”的“知”，这就是我们的“觉性之知”。真正的觉性呈现的时候，它也有知，如果没有知的话就属于无意识，就和草木一样；它虽然有知，但是没有任何对象的牵挂，也没有能知主体的挂碍，没有说这是我的知，没有我的概念，没有我的限制，没有我执。既不执着于对象，也不执着于自身，没有能，没有所，没有能所对立，这种知就是我们的觉悟之知，也叫“空寂灵知”。这是禅宗讲的一种开悟的状态：“空寂灵知”的显现，你知道一切，什么都知道，但是空空如也，什么也没有，又空又灵，这就是我们要找到的灵性的状态，真空妙有的状态。光有空没有灵，没有觉知，那容易堕入大昏沉；光有灵知，没有这个空，那就会陷入有限的认知状态，不是我们所要达到的觉性之知。

我们这种灵觉妙知，它不是知道任何的对象，但是在这种空寂的状态当中，它具备认知一切的可能性，它具有大智慧。它不是知道这个、知道那个，但是它同时能够知道一切，它具有无限的开放性，它开放了一切认知的可能性，这是唯识学讲的转第八识而成的“大圆镜智”。在这个状态当中，你是空空如也，但是里面自动地有灵妙的智慧，有大智慧。这个状态就是觉醒的状态，对这个状态有不同的描述、不同的名相，有的时候把它叫作“平常心”，有的时候把它叫成“本来面目”，有的时候把它叫作“无位真人”，等等。

它是一种纯粹的意识状态，一种开放的意识状态，这种状态是所有万法生起的源头和背景，它不执着、不受限于任何的对象，同时所有的万事万物都可以在这个空寂灵知当中生成、显现。这个妙觉灵知，本来现成，是我们每个人都本具的，而且都在某个瞬间呈现过，但是当我们迷惑的时候，我们就把这个状态给遗忘了，迷失了。我们讲静坐、入定，这只是前行和方便，最终我们要呈现出我们的自性或觉性，让这种智慧现前，转化我们的业力习气，这样才能得到解脱。

这样整个修行的过程都是不断地提升我们意识状态的一个过程，这就是我们意识内在的一个发展。我们大家都知道，自然界在不断地进化，从低级阶段到高级阶段不断地进化，人类社会也是在从简单到复杂不断地进化，但是我们现在忘掉了一个最重要的进化，就是人自身的意识状态的进化和发展。我们不断地追逐理想社会，但是我们忘了自身；如果我们自身不去进化，理想社会来了有什么用？理想社会能解决人的问题吗？不能！内在的问题必须通过内在的方法去解决。

我们修行是要不断地发展我们人的内在的觉知和意识，使我们的意识不再被客体所困住，不再被对象所困住，能不断地回归主体自身，超越客体的限制。最后我们要超越这种主客二元、能所二分的状态，达到一种统一的认识，统一的觉性，在这种统一的觉性当中，万物一体，人与天地万物都回到了源头，回到了那个无限的海洋，个体的生命才能找到他终极的归宿。

8　内在工作与本质的成长

意识的成长是我们内在的发展，这才是增加我们生命的主体性，是我们生命的本质的成长。如果我们没有接触到灵修、灵性的知识，没有从事内在的工作，那么我们生命中的发展大多数是人格的发展。讲人的成长，我们要区分人格和本质是不同的层面，很多人终其一生都没有意识到自己的本质是什么，他都在追逐人格层面的成长。

平时我们说要有好的人格、坚强的人格，许多人都在追寻这个。当然人格也不是坏事，在社会中生存，需要有一个身份、一个面具，立足于社会；但是如果我们被它所骗了、所迷了，没有意识到真正的问题，我们一生就在人格范围里活的话，我们就虚度了一生。

人格是什么呢？从本质上来说，人格是从小时候开始整个家庭、学校、社会不断加之于我们上面的那些东西，社会一直在塑造我们、培养我们：我们该做什么不该做什么；该表现出什么样子给人家看；该得到别人什么样的承认；怎么样吸引大家的注意力；怎么样得到社会的认可；怎么样按照别人的要求去塑造自己，形成一个自我的形象、人格的面具……

比如说我是一个学者、一个教授，别人对我有很多的期待；然后我试图做出样子来满足别人的期待，形成一个光辉的形象，这就是人格。但是这个人格在本质上不是我们真正的自己，当我们参悟我是谁的时候，就会了解我们不是这个人格。人格是我们外化的一个面具，它有社会学的意义，但是没有最高的灵性的意义。一个人的人格，一个人的个性，都是由那些不是我们自己的东西所组成的，跟我们真正的自己没有关系。我的地位、我的身份，这些和我们内心真正的"我"都没有关系。如果我们被这个人格所欺骗，不断在为这个人格而活，活在别人的眼光当中，活在别人的期待之中，那么我们的生命永远不会真正有光华焕发的那一刻，因为这样子是活在虚假当中，我们不会得到真正的满足。

什么是人的本质？什么是人真正的素质？什么是人的本性？这才是人的发展的核心问题。一个人的本性、本质就是我们自己所有的真正的存在，人格是受外在环境、受社会影响而后天塑造出来的，而人的本质是我们人本来的生命真正的存在。当我们追求外在的拥有的时候，都是在为人格服务，有很多的人都是为了"面子"而活。别人开了一辆什么车，而我的车比较低级，我要开一辆更高级的车；我要拥有更大的房子、更大的别墅、更大的公司……人与人之间的比较，不断地去拥有更多的东西，这都是为了塑造自己的人格服务，它跟我们的本质没有关系。

我拥有的任何东西、我占用的任何东西都不会自动提升我的本质。你认为你很有面子，但是面子是没有用的。面子是外层的东西，不是你本质的存在，而我们真正的存在才是我们生命最重要的东西。你找到你本真的存在、找到你内在的本质的存在，把生命真正的存在状态焕发出来，这个时候你就超越了外在的拥有。拥有也很好，不拥有也很好，你能够享受一切，这样你的生命就能得到真正的成就感，一种真正的喜悦。

如果我们的生命依赖于外面的发展，依赖于这些人格的成长，依赖于我们所拥有的东西，我们就是受束缚的、是被骗的，这样一种状态，我们永远活不出真正的自己。所以很多时候，年岁的增长不意味着成熟，财富的增长也不等于成长。很多人只是在打发时光，年岁虽然在增长，但是他的本质毫无发展，而是一直停留在某一个阶段就不再发展了，后面的发展都是在人格的层面上，在虚假的层面上发展。

有的人一生在不断地增加他的财富，在追逐他的拥有，可是他的内在素质没有得到成长，没有得到发展；他也许是一个大富翁、大富豪，但是他的内在境界和素质还是和以前一样。这样一来虽然他有钱了，但是他人生的问题并没有得到解决，烦恼依旧，问题依旧。

人的本质的发展是什么意思？既然本质是一个人本有的真正的存在，那它就无所谓发展。但是，我们能不能认知自己的本质，能不能活出本真的存在状态，这里面就有极大的发展空间。就像前面所讲的“知”的不同层次一样，人活出他本质的程度是大有区别的，这里体现出人的真正素质的巨大差异性。这个“本有”与“发展”的辩证关系，是修道理论的一个重大问题，每一种宗教都有不同语境下的不同表述。

相应于人格的发展和本质的发展，我们就提出有两种工作：一种是外在工作，一种是内在工作。现在我们讲工作，大多数指的是外在工作；我们一定要建立一个内在工作的概念，这对于确定修道的正确方向，是非常重要的。

什么是外在工作？为了生存，为了在社会上有一席之地，我们要去从事某种工作来解决我们的生存问题，这是外在工作。很多时候我们的工作只是为了它的报酬，而不是在享受这份工作本身，这样的外在工作，对你来说不会带来真正的快乐，不会带来真正的喜悦。如果我们只是被迫去工作的话，这种工作只是一种浪费，对生命来说只是一种浪费。你是没有办法才去做，你没有从中得到本质的成长。为了外在的目标、外在的事业而做的工作都是外在工作。

内在工作是什么？内在工作是我们每一个人对自己下功夫来获得本质的成长这样一种工作。每一个人都要对自己去做工作，来发展自己，来提升自己的本质，来找到自己真正的生命存在，这种内在工作是我们一生当中最重要的课题。它不是今天可以做明天就不去做了，不是做几天就可以放下的事情，是我们每一个人一生都要优先考虑的问题。

观虚斋教学所讲的修道就是指一种内在工作，而不是一个宗教性的概念，是指获得我们内在本质的成长，最后成为一个觉醒的人这样一种工作。中国的传统文化里面讲“修身为本”，修身就是一种内在的工作，你治国平天下、管企业，这些都是修身之后的事情，第一步要修身。

只有当你通过内在工作获得一种内在的素质和本质的成长的时候，你的外在身份才会有意义，所以我们不是否定外在工作。在我们的教学当中，我们从来不把内在和外在对立开来，不对它们作简单的取舍，而是要看到它们在更高层次的统一。当我们有了内在工作的智慧以后，我们可以转化外在工作，把它变成内在工作，这样做的时候我们的外在工作也有了新的意义。

如果我们的外在工作只是为了它的结果，为了每个月发的那一点工资，那你生命的境界一定不高。你要把你外在的工作变成内在工作的一部分，你不仅仅是为了工作的报酬，而是去享受这个工作本身，这样你的生活质量就提高了，你的境界就提高了。如何转化我们的外在工作，把它变成我们的内在工作呢？怎么样使外在工作成为内在工作的一部分呢？这可有两种情况。

如果我有足够的能力，我会选择最有意义的事情来做，这个事情本身就是我感兴趣的。就像我现在所做的工作和我的内在工作是密不可分的，我的工作绝对不是为了拿工资，他不给我工资我也会去做。我研究佛法，研究道教，研究各种宗教，研究这些经典，那都是我的兴趣，都是我自己想做的事情，和我的单位“宗教所”没有必然的关系，宗教所不发给我工资我也会这么干。这样一来，我在做我所感兴趣的事情，宗教所还给我工资，那就好了，没有内在和外在的分离和对立了。做你想做的事情，做有意义的事情，这是把外在工作转化为内在工作的第一个方法（首要的方法）。

但是这个方法还是有一定的前提和条件的，那就是你要有足够的能力和机会去实现它。有的人知道自己想做什么，但是没有能力或机会去做；有的人甚至不知道自己想做什么。这个时候我们退而求其次，采取第二种方法：不管你现在的工作是什么，你要尽自己最大的努力去享受当下的工作，带着庆祝的意识，有觉知、有意识地去做你现在的工作。这个时候你的工作就不白费了，因为从本质上来说，做什么并不重要，以什么样的意识状态去做才是重要的，也许这个工作我不是很感兴趣，但是我可以把它当成一种修炼，我全能地活在当下，有意识地去做这个事情的时候，它就变成一种修行了。

比如我们拿生活中的洗碗这件事来说。大多数人都不愿意洗碗，但是家里的碗总得有个人去洗。我不爱洗碗……如果我能不洗碗，那我可以不洗碗；如果我必须洗碗，那该怎么办？那就享受这个洗碗，有意识地把洗碗当成一种修行。当你很清静、很觉知地在洗碗的时候，它就和打太极拳没有什么区别了，你用打太极拳的手法洗碗也可以啊！这个时候你的洗碗就变成了“洗碗功”了。作为家里的女主人，你肯定要学会做饭，如果你不喜欢做饭怎么办？你这该做的家务还是得做，女主人不做饭还是不行的，不能老是吃饭店啊！那你就享受做饭，把做饭当成一种艺术，因为做饭的时候也讲究火候，讲究材料的配伍，是一种外在的“炼丹术”，在炼“外丹”的同时你可以炼“内丹”：选什么样的材料，用什么样的火候，怎么去做，这里要用心有意识地去做，锻炼觉知的能力，内外工作同时进行。

把内在工作和外在工作合在一起，每一个外在工作都变成内在工作的体现，这样你的人生就是圆满的。一定不要跟自己对着干，既讨厌这工作，又整天在做这份工作，一天到晚都在跟自己闹别扭，这是自己在残害自己的生命！有本事你不爱干你就不干，没有本事你就好好热爱你的工作，你不能一天到晚幽幽怨怨、满心哀愁地在干着你的工作，这样你的老板也不喜欢你，企业也不喜欢你，最后生命也没有得到幸福，就错过了自己的一生。

当你真正地投入和享受你的工作的时候，你会有一种命运的变化，可能很快就能找到你喜欢的工作了。因为你这样工作的话，你整个人的状态就不一样了，老板和企业都会很欣赏你，以后工作就会做得特别好，你就打开了一种新的可能性，有很多的机会、很多的空间。

我们这里所讲的是每一个人都要知道自己生活的方向和意义，不是“信不信教”的问题，信什么教不信什么教是次要的，重要的是我们要知道人生的方向，什么是有意义的人生，我们怎么样去让自己成长，活出我们的自由，活出我们的快乐，活出我们的天性，这是我们要去发展出来的生命品质。

要得到这种发展，就要知道有什么与日常生活不一样的状态，我们人的问题是什么，有哪些发展的可能性，如何朝着这个生命觉醒的方向去发展。我们要去了解、去听闻，听闻教法，要掌握它的道理，然后还要去做内在工作，掌握做内在工作的方法。你的心里要有这样一根弦，要区分什么是真正的我，什么是我真正需要去发展的东西，你不能说要完全脱俗，你不能说你不需要任何身份、任何名誉，不需要任何利益，那是目前做不到的，所以外在的发展同样重要，你要有足够的能力去解决你的生存问题。

但是当你有了智慧的眼光，不局限于外在的发展，而能够知道我们生活的意义和目标在什么地方，把内外结合起来，我们的人生就会有一个光明的前途。

我要祝贺在座的十翼书院的工作人员，因为你们的工作是有意义的，不存在对自己的工作感到很别扭的问题。你们在这里不仅仅是工作，在这里就是你们人生成长的一个机会和际遇。你在其他的单位，可能就没有机会听到一些智慧的教法，你可能还要花很大的力气去寻找；而在这里，可能有好多的教法都送上门来，供你享用。你要抓住机会，这个不是财富能够买到的，也不是给你多少工资能够得到的，所以我希望我们在座的每一个人都能找到内外合一的工作方式，那是最美好的。我做的是我感兴趣的、有意义的事情，而不仅仅是因为外在的原因：我必须干这个事情我才能得到报酬，我需要这个报酬，我没有别的办法才来做这份工作。那是自己和自己过不去，那样，你就浪费了很多的时光。

9　自我的问题

前面我们讲到人格和本质的区别，人格从另外一个意义上来说叫作自我，自我和人格是一个层面的东西。我们大多数人的一生都是为自我而活，为面子而活，甚至是为别人怎么看我而活。有很多人打架和吵架就是因为别人的一句话而愤愤不平："敢小瞧我！我是你说的那个样子吗?"你说这是多么的愚蠢！他怎么看你和你有什么关系？你如果不是他看的那个样子，你和他吵什么呢?你越是和他吵，你就越是表现得如同他看你的那个样子，你还是没有看清楚。

甚至有这样的笑话：某些修行修到半桶水的人，他就会去跟人家争论，让人家相信自己"开悟"了；如果别人不同意，他就跟别人争论半天。在网上经常看到有人说："你说我怎么就没有开悟?"就这样去和人家辩论。一个没有开悟的人才会和人家去辩论我开悟了，想要证明自己是开悟的，这是多大的笑话！如果一个人没有分清楚人格与本质，没有分清楚自我和无我，这能叫开悟吗？你悟的是什么东西？那只是自我的一个概念，只有自我才会想要证明自己是开悟的，而这恰恰证明了他根本不知道开悟为何物，因为开悟的状态是没有自我的。

讲到自我的时候需要作一个厘清，我们的修行需要对自我的问题做一个全面的理解。现在我们讲悟，好多人都把自我当作敌人，要消灭这个自我，对自我进行妖魔化的理解，这样他在修行的道路上也会出问题。

我们要讲的第一点，大家要注意：一个成熟的自我，对于人生的发展是非常重要的。成熟的自我至少是一个正常的人，有的修行人不但没有达到无我的境界，而且把自我都妖魔化了，最后他变成不及自我的境界，是自我之前的那个状态，是“前自我”。前自我的阶段不是超越性的，是一种病态的人格。我们人生一定要有个中心，要么得有一个自我的中心，要么得有一个智慧的、觉性的中心。有一部分人在修行过程中对自我进行妖魔化，过早地要破除那个自我中心，他又没有形成新的中心，这个时候他的心理往往是有问题的。

我们在宗教的圈子里见多了，就会看到一些神神叨叨的事，这个宗教徒一看就知道没有解脱，无我谈不上；然后他又讨厌自我，动不动也是要破除自我、破除欲望，什么都破除掉，但是他所有的自我、所有的欲望是以另外的一种方式呈现出来的。包括他和别人争论，要怎么怎么样，但是这还是在新的一种执着当中；他在以“无我”要求别人，这更增加了他的“自我”！

所谓的自我就是我们在人生的成长过程当中形成的一个虚拟的“中央处理系统”，它是一个中间站，把我们人生当中很多分散的体验给统一起来，都挂靠在这个虚拟的中心上面。有的人虽没有解脱、没有超越，但他的那个自我很成熟、很强大、很统一，这可以说他是有比较成功的自我的，是成功学意义上的一个完美的自我、圆满的自我；虽然他谈不上解脱，但是在人生当中这也是一个驿站。所以我们要区分前自我、自我和超越自我这三个不同的阶段，不要把它们混为一谈。如果你没有达到超越自我的阶段，至少你不要回到前自我的阶段，还是保留一下自我好，不要让人把我们修行人看扁了，看成是神经病或人格分裂了，那就不好了。

超越自我是在成熟自我的基础上达到更高的智慧和洞见以后，看见了自我的虚幻而形成的一个更高的结晶、更高的中心，这是对自我的超越，而不是简单的对自我的否定。就好像果子一样，只有成熟的果子才会掉下来；只有成熟的、充分发达的自我才能超越他自己，只有一个足够理性、足够聪明的头脑到了最高境界时才会把头脑给超越了。超越头脑、超越逻辑哪有那么简单！回到那个无逻辑的状态、不讲理的状态，那是好现象吗？超越逻辑是比逻辑更高的状态，而不是回到逻辑之前的连话都说不清楚的状态、胡搅蛮缠的状态。回到前自我的状态，那就完了！

在人生的过程当中，该去体验的还得去体验，该去经历的还得去经历，不要过早地去进入更高的阶段，把不同的语境给混淆了。这是在宗教修行当中，经常会出现的问题。比如说超越欲望，这个概念如果搞混了也是一样，一下子我要超越欲望但是又超越不了，导致一种变态的或者分裂的人格，自己骗自己、压抑自己。所以该经历的要去经历，经历完了以后超越它，完整地体验了一件事情以后我们才能把它放下。

什么叫超越？比如说我们的孩子喜欢一个玩具，你跟他讲很多大道理叫他超越这个玩具，是没有用的。你对孩子说这个玩具对于人生有什么用啊，你要把它放下，要超越；但是对于孩子来说他就是喜欢它，你强行把它拿走，那不叫超越，那叫制造烦恼。什么叫超越？等到孩子长大了，成长了，有一天他发现那些玩具、动画片没有意思了，然后把家里那些乱七八糟的玩具全扔掉，因为这些都无意义了，这才叫超越：他超越了这个阶段（简单游戏的阶段），人生找到新的乐趣了。所以超越不是压抑，不是强行去把它压制，而是一种穿越和提升（智慧的提升）。

上面我们讲了自我的成熟和发展有它的必要性和意义，然后我们要讲到更高的阶段，就是要认清自我造成的问题。人世间所有的罪恶、所有的矛盾和所有的问题，从根本上说都是因为自我中心造成的。每一个人的自我都导致了孤立和对立，把自身和别人区分开来，这是所有烦恼的根源，也是妨碍我们智慧生发的一个障碍（注意，我们现在讲的障碍是从更高的维度上来讲的）。

我们在修行的路上，会不断地遭遇自我的问题，每一次的自我中心都会把我们拉入烦恼之中，拉入和别人的对立之中，拉入自己的一个孤立系统之中，所以我们要不断地去走向自我超越，要用一体和觉悟的意识来代替以自我为中心的意识，让人间的爱和光芒来取代对立和仇恨，这不仅是每个人走向幸福的道路，也是人间社会走向大同、走向和谐的必由之路！

世界要和谐，就要超越国家、民族、团体的自我中心主义。个人之间的自我造成人与人之间的分裂和对立，社会上许许多多的团体，伴随着不同的组织、不同的国家、不同的民族，它们也是一个个的团体自我主义。属于我的团体里的就享有某种待遇，属于对方的团体就可以置之死地而后快，进行残酷的斗争，这样子这个社会能太平吗？

如何破除自我中心主义？就要不断地在灵性上去体验一个新的境界，体验到生命是一体的，所有的生命都是一体的，我们都是那个无限大海里的一个波浪。当我们从自我的波浪中掉下去进入海洋里面的时候，我们就是相通相连的；分离状态的自我是许许多多的对立和孤立的存在，而这种觉醒的意识、一体的意识和无限的意识，它们就不再是一个个分离的波浪，它是融为一体的。

对于灯来说，一盏一盏的灯是分开的；当灯放光的时候，那个光是融在一起的。我们分不开这个光是哪一盏灯发出来的，而觉醒的意识就是我们生命体发放出来的光芒，那个光芒是分不开的，是融在一起的。在这个光芒之中，我们和诸佛相应，和众生相应，上与诸佛同一愿心，下与众生同一命运，心佛众生三无差别。要回到这种整体的无分别的意识，用这种新的觉性中心来代替原来那个自我中心。

不管是觉悟的人还是不觉悟的人，我们都要有一个整合者，我们人生中许许多多的体验，许许多多的经验要整合为一，不能散乱，不能分裂。在没有觉悟之前，这个自我就起到这样一种作用，扮演着这样一个角色；觉醒的人要用他的觉醒和觉悟的中心来扮演这个体验的人（整合者的角色），让生命的主人能够在场，让自我这个仆人离开。

在生命当中，我们生命真正的主人是那个真我、那个觉性，当它出现的时候、在场的时候，自我就可以不需要了，自我就是一个仆人。但是当我们没有真我，没有觉性中心的时候，这个仆人也是需要的，它是一个代理管家，代理我们暂时地管理这个家。如果主人也不在，仆人也不在，家就乱了，强盗土匪就可以进来捣乱了。

所谓的失去自我、消灭自我，到底是什么意思？自我不是一个实体，不是我们去与之战斗的一个对象，我们不是要怎么样去设法把它消灭；所谓的超越自我，所需要的只是一种觉醒和觉悟。因为自我原本就是一种错觉，是一种孤立的错觉，是以为自己是独立的这样一个错觉，它不是真实的存在。当我们真正地追问我是谁的时候，我们找不到一个叫作自我的东西！你们之中有谁有自我？拿出来给我看看，自我在哪里？所以超越自我仅仅是失去了一种错觉，并不是实际上会损失什么，或者说真正地丢掉了什么。我们超越了那种孤立的错觉之后，我们就恢复了无限一体的真相。这个时候，无意识的那个我，就转变成了有意识的我，自我就转变成了真我；觉醒了自我的虚幻，就证到了真我的真实。

如何能够超越自我呢？要证到真我的境界，我们可以讲两种方法、两个道理：

一种是用他力的方法，用臣服的方法。如果有一个你真正敬仰的上师，甚至你信仰的某个神、某个佛或者某个菩萨，你就全心全意地把自己投入他，放下自己，臣服于他。这是在很多宗教里都有的法门。通过自己的臣服来放下自己，然后做什么都可以说不是我做的，这是神在做，我自己什么也做不了，我是神的一个管道，我是佛陀的一个管道，我是觉醒的管道，这样让自我消失，把自己的一切都交给至上的存在。为什么强调臣服？为什么强调上师的重要性？当你真正地臣服于一个上师的时候，你的自我就已经放下了，因为带着很强的自我的人是不可能臣服于别人的。

第二种道路，是通过自己觉悟、觉醒的道路。当你的智慧真正到了的时候，你一定可以看清楚自我的虚幻，自我本空，本不可得；而你的觉性现前，呈现出了真我，了悟了真我。了悟真我和超越自我是同时发生的，因为自我与真我两者不能同时存在，所以一个执着自我的人想要开悟是不可能的，当你有自我的时候就不可能觉悟，当你觉悟的时候一定是超越自我的，也只有真正觉悟的时候你才是超越自我的。当你有自我的时候，生命就是一个有限的、分离的、孤立的系统，当你把这个小我打掉和超越了以后，生命就变成无限一体的觉性的系统。这个系统是开放的无系统之系统，用《金刚经》的句式来说，所谓系统者，即非系统，是名系统。

10 修道是人生的根本大事

静坐的姿势虽然很重要，但更重要的是修心。我们大家都是初学者，你的腿如果盘不上，或者坚持不下来，不要勉强。还是找一个你感觉比较舒适的姿势去坐。除了专修的那一个小时我们有比较严格的要求以外，其他时间大家自己灵活掌握。不要因为身体的原因使这两天过得很不愉快，很难受，那也是我的罪过。因为我希望大家能够从身体到心态有一个好的感觉，你到不了最高的法喜的状态，最起码这两天能够留下一个美好的回忆、美好的印象，留下一些好的种子。

只有当你的修行不是那么困难的时候，你才会坚持下去。比如说我，从大学开始站桩以来，几十年来我没有中断过修行，没有任何人拿着棒子敲我，说你怎么会这样不用功？为什么一定要这个时候起床打坐，因为那是我的享受。任何事情当你把它变成你的享受时，你就不存在勉强去坚持的问题。唯有这样，我们的修行才会有长久坚持下去的动力。如果你勉强自己，一天，两天，三天……总有一天你会有勉强不下去的时候。如果我们的修行总是咬牙切齿地坚持，最终有一天你会说："老子不修了，该怎么样还怎么样。"这种方式是不对的，我们一定是向人生更高的境界、生命更好的状态去发展，就是说我们修行应该是个正向的发展。

传统的修行给我们一个印象，好像是我们人生中遇到了一段挫折，一段不可解决的问题，想去出家，去离开这个凡俗的世界。就是说这个世界太令我们烦心，我们想要去找一个清静之地。严格说来，如果是这样去出家的话，这样的发心是不正的，是不合法的，没有出家的资格。真正的出家，那是一种很高很高的智慧、很高很高的毅力、境界，到了一定的时候，他愿意把他整个的人生完全投入到修行的大业里去，完全投入到佛法的奉献之中去，去自觉觉他，度自己度众生。他的一生完全进入这个事业，没有别的事情，所以要出家。如果发的是别的心，那会是别的后果，发了大菩提心出家，才是真正的菩萨。

我们修行也不是期待我们将来一定有个什么结果。如果你的心真正地安静下来，真正地享受当下这一刻，你这已经得到了成果。不是说我们通过这两天的学习，是为了将来得到什么；这两天如果你能够真正地安住下来，这两天本身就是收获。一刻安住，一刻收获，当你的心在某一个瞬间脱落了，脱落了这个重担，脱落了种种的牵挂、种种烦心的事、种种小我的计较，呈现出那种自由、宁静、喜悦的灵性，那么这一刻，菩提种子已经种下了。

在我没有真正学会静心之前，我的人生会有很多问题，除了现实生活的问题，还有一些来自于存在性的问题，那个根本性的问题。感觉到茫茫宇宙、茫茫人生，何处为岸？漂泊的人生没有一个安心之地。就好像人生真是一场大梦，有什么意义呢？我有一种心灵很难言说的悲凉与悲哀。但是当我真正体验到那种宁静，那种法喜，那种与万事万物合为一体的融合感的时候，我就会有另外的一种感受。以前是莫名的烦恼，可是修行以后就得到了一种莫名的喜悦。在那树林之间慢慢地行走、散步的时候，法喜出来了，感觉到无比的清凉和喜悦；静静地在河边某个地方坐下来，看着流水……法喜出现了！它是不请自来的。那种喜悦慢慢地就伴随着我们的人生，我们的生命会越来越光明。你会越来越感觉到生命是多么的美好，每个时刻都是值得庆祝的时刻。你体验到新的维度的时候，你也会自然而然地放下很多以前放不下的东西。因为终极而言，当我们智慧的眼界打开的时候，很多事情真的很容易放下。

我也常常打一个比方。很多人放不下自己的一些小欲望，觉得那个东西很有意思，那是因为你沉迷在其中，但是换一个角度我们来观就不一样了。好比我们以人的眼光来看狗吃屎，狗吃得很香、很有味道，对不对？对狗来说，它放不下那个大便，但是对人来说就不需要去勉强放下，本来就不想吃。在更高的境界看来，我们人的很多欲望，其实也一样。迷在其中好像很有意思，当你跳出来，站在一种更高的层面来看，你就能超越下一层面。这就是我说的一种超越，不用强制，不用压迫。

超越低层欲望，有两种动力：一种就是你看到了它本身的无意义，本身的虚幻，自然而然地把它放下；一种是你体验到更高的层面，更高的意义呈现了。放下，这是智慧的成长，而不是强行去压制。

今天上午我们或多或少会有一些短暂的瞥见和体验，人生当中那些美好的事情、片段，你都可以在今后去不断地唤醒它们。你要对那个“种子”进行“浇灌”，回忆起它，唤醒它。我们人生有的时候会不断地去想那些苦难的事情，这是因为自我有一种自虐的倾向，它通过这种痛苦的强化体验来增强自我感。有的人很喜欢跟人家诉苦，一见面就讲他这样那样的问题。通过诉苦，增长了自我，他自我感觉挺好。但你诉苦的时候对别人是一种负担，你相当于把垃圾倒给了别人。我们的人生要养成一种积极、正向的思维，去不断地回忆那些最美好的片刻，不要老想那些悲哀的、苦难的事情，这样你正向的能量就会越来越多，生命就会越来越宽广，智慧之光就会越来越明。

如果我们能够坚持静修，一个小时、两个小时……你就越来越走在道上了。到了一定的时候，你就放不下了，你就会自觉地去追寻，去探索。等到有一天，修行成了你生活中不可或缺的粮食，放不下的东西，你会自觉地去追寻的时候，那我就要恭喜你，你已经走在道上了，这时你可以说自己是一个求道者了。有人说，修行不是要放下吗？为了彻底放下，你需要先不放下修行；在你证悟的时候，你就是全然地放下。修无修相，从有为到无为。

如果你的修行只是三天打鱼两天晒网，偶尔想一下，那你不是真正的道上的人。你还没有真正入道，还在道边游玩，还在把你生活中尘世间的事情当成最重要的。在你的人生规划当中，修道排在第一第二第三第四……之外，那你就不是一个修道人。有些人会说，我为什么要成为一个修道人，做个一般人不是很好吗？那是因为他没有智慧。已经听过我们上午讲座的人，我相信大家不会再这样说。因为修道不是我们生活之外的一个附加的东西，不是我吃饱喝足没啥事而玩一玩的东西，这是我们人生中最根本的东西。

你想一下，一个人做不了自己的主人，整天昏昏欲睡，胡思乱想；我们的快乐和痛苦都不由自主，都是受别人刺激而产生；我们把握不了自己的命运，我们得不到真正的快乐、喜悦、幸福，这样的人生有什么意义呢？故人生之规划，内在修道永远要排在第一位。你可以没时间做别的事，但不可无时间去修道。因为修道是最重要的，怎么会没时间呢？你把修道排在后面，所以才会没时间。如果我拿手枪对着你的头，拿刀架到你的脖子上，你还会说没有时间吗？

我们不是在讲要进入宗教，但我们要学习领会宗教里的许多告诫。如佛教讲的："生死事大，无常迅速；如少水鱼，斯有何乐。"就像在少水里的鱼一样，慢慢地干死了。说长很长，说短很短，一眨眼就过去了。只有珍惜生命的时光，每一天都做一些有意义的事情，都能获得某种内在的成长，我们这一生，才能真正地无怨无悔；临终的时候，你可以清醒地提醒自己：我这一生没有浪费，我还可以把这个内在工作继续下去。

对于一个证悟的人来说，肉体可以消失，但精神的生命、法身的生命没有消失，我们真正的觉性是可以看着我们的死亡的。

上午我们参了"我是谁"，其实我们还有更大的话头——"谁死了？"我们说某人死了，死了的是什么？心脏停止跳动就是死亡吗？还是大脑的停止运动？那死亡的到底是什么？真正死亡的是我们的肉身在转换形式。而我们害怕死亡，只不过是我们内心在恐惧，我们放不下那自我紧紧抓住不放的一切。我们之所以恐惧，是因为我们的自我放不下。当超越自我的时候，已经没有生没有死，你的精神境界和整个法界融为一体。这就是为什么大阿罗汉可以那么自豪地说“我生已尽，梵行已立；所作已办，不受后有”，可以潇洒地告别这个世界。这也是为什么佛陀成佛以后，就不再挂碍生死，破除了生老病死之苦，证得终极性的解脱境界。

但所有的这些归结到一点，就是要回到当下，觉知当下，享受当下，庆祝当下。这就是智慧的体现，这样我们的修行就永远不会消极。过分关注将来的成果和回忆过去的过错，会增加很多烦恼。

11　生命的四层结构模型及其应用

“生命的结构模型及其应用”是观虚斋教学中比较重要的内容，几乎每次讲课都会从不同的角度涉及这一主题。这是一个很重要的理论模型，它能够给我们的人生打开新的眼界，开阔思路，帮助我们解决很多问题。这一主题展开来讲至少要两个小时，但这一次只是浓缩来讲。

所谓的四层结构模型，是指“精、气、神、虚”这生命的四层结构。精、气、神、虚是从道家里面的丹道学说里借鉴来的，内丹学讲修炼的过程有“炼精化气、练气化神、炼神还虚”之说，我们把这四个字借用过来，建立一个生命四层结构的理论模型。

第一层叫“精”。精是什么？在内丹学里面，精是指我们身体里面物质的精华。在我们生命的物质系统里面，还有不同的层面，有外在粗糙的层面，有精华层面，但现在我们用代表物质精华的“精”来代表生命“物质结构”的层面。若将生命系统比喻为一台马车，物质结构就相当于马车的车身。

第二层叫“气”。气是一种能量，精微的物质可以转化为一种生命的能量，这就是“炼精化气”。我们用这个“气”来代表生命“能量结构”的层面。我们每一个人，之所以能够活动，都离不开能量的支撑；我们很多情绪的反应是跟能量的运作有关的。情绪与思想是不同的，有时候情绪是由某种“气”的流动而造成的。我们借用“气”来表示生命的能量结构这一层面，在马车的比喻中，它相当于马车的马。

第三层是“神”。神就是我们的思想、理性、精神活动，“神”代表我们生命“信息结构”的层面。在马车的比喻中，神相当于马车中的驾驶者。

第四层叫“虚”。虚是本体性的层面，代表我们的灵性或灵魂。对这个词不要误解，不要说佛教认为人没有灵魂，佛教讲无我啊！生命有一个根本的层面我们可以把它叫作灵性、灵魂，虽然不是实体，但它相当于佛教所讲的觉性、佛性的层面。“虚”代表生命的“本体结构”的层面，在马车的比喻里面，它是真正的主人。也就是说生命这一台马车，一定有个车身，有他的物质零件；有匹马，这匹马有一定的能动性，有时候会乱跑；还有一个我们的头脑，就是这匹马车的驾驶人，代表着理性、思想这一层面；最后面一层是主人，他指挥这个驾驶者、这匹马。

我们反观一下就可以注意到，我们大多数的人根本就不知道有这个主人。这个时候对于我们人来说，有时候是马乱跑，带着我们人在走，主人在车里面睡觉跟着马乱跑，像乱发脾气都是马的乱动造成的。一个理性很强的人，他是驾驶者在做主了。但驾驶者毕竟只是一个代表、代理的角色，他不知道我们这台马车真的要去哪里，他是要听从主人的命令的。但问题是，一般人根本不知道主人的存在，主人也无法对那个马、那个驾驶者下命令。这时那个驾驶者就自以为是了，它就俨然成了这台生命之车的主人。他驾驶这辆马车乱跑，按照他自己的兴趣到处驰骋。

关键的是这个驾驶者本身他也是临时受聘的，不是一个固定的角色。今天这个驾驶者上台了，明天就换成另一个了。主人在睡觉，没有交代清楚，驾驶者之间的信息也是乱的。第一个驾驶者带着马车往一个方向跑了一大圈，等第二个驾驶者上台时，他不知道目的地，又往另外一个方向跑。这样的话，这台马车就是在兜圈子，它跳不出我们人生的循环，跳不出我们生命的轮回。每一个驾驶者都是一个仆人，也就是“诸我”的一个“我”，在不同时刻、不同时期，这些驾驶者的意愿是不同的，它们的认知能力、知识结构都不一样。A 驾驶者有一套规划，要去游香山；还没到香山，B 驾驶者上台了，计划又变了，又去玩长城了。但是还没到长城，第三个驾驶者又出来了，它又搞不清楚要去哪里，他又回来了。转了半天，我们香山也没看到，长城也没去成。

驾驶者和马之间的关系也有问题。如果这匹马训练有素，这个驾驶者懂得马的语言，他可以让这匹马很好地受调配；但对于我们一般人来说，我们的理性结构和情绪结构没有共同的语言，我们管不住两者而使之平衡统一。马也在乱跑，而驾驶者也在不断地换，所以我们的生命就是一个混乱的状态。如果有人说他不知道人生有什么问题，不知道有什么困惑和烦恼，那就是他已经安逸于那种混乱的状态，而不认为它是个问题；但这样他只是在转圈子，实际上哪里也去不了，更谈不上认识超越性的灵魂了。当生命中我们的主人没有被唤醒的时候，我们的马车将驶向何方，根本就没有目标，也不可能有目标。

我们这个生命可以看成一个四层楼的结构。由下而上，精（物质结构）在第一层，气（能量结构）在第二层，神（信息结构）为第三层，虚（本体结构）为第四层。下面一层是上面一层的基础，上面一层会对下一层有一定的能动作用。每二层之间都可以相互作用，相互连接，四层之间可以相互影响。建立这样一个四层结构的生命模型，有很重要的意义，对于我们解决人生的很多问题、修道的问题有很多启示作用。

我们首先要看到一个完整的生命必须是四层结构合起来的生命。每个人都有四层结构，只是表现的形式不太一样。有的人以物质结构为主，就生活在物质结构的层面上，他的一生就是为了吃饭穿衣，解决这些身体层面根本的需求，虽然他也是一个四层结构的人，但对他来说，主要就活在第一层面，解决他的物质问题。有的人喜欢吃，不断地吃这吃那；无论他吃什么，都是在物质结构里面活动。有一部分人呢，比较重视他的能量结构，他的感觉、情绪，他活在他的情绪状态当中。

我们可以观察人的内心。用“五行”来分，每个人都可以归属于五行里不同的“行”。五行是中国文化里一种基本的理论模型，四层结构也是一种理论模型，我现在用四层结构来分人。整天就知道吃喝玩乐的人就是物质层面的人；天天讲情绪讲感觉，缺乏思想的人，或者老喜欢谈谈恋爱，玩玩小情调，也不讲更高的追求，这是第二层面的人；有的人是思想家、专家，天天看书，写文章，逻辑论证，写出很多论文，这是第三层结构的人。第四层结构的人不是现实中的人，现实中的人没有发展到这一层面，他虽然有这一层面，但是没有唤醒。第四层的人一定是修道的人，而且是修道有一定成就的人。只有修道达到一定成就的人，才能够唤醒他的本体结构，唤醒他的觉性、灵性。活出这个层面的人，就是我们修道要达到的目标。

现实中的人，基本上可以分为三种类型，他们分别是以物质结构为重、以能量结构为重和以信息结构为重的人。这三种人，现实中可以找到，可以加以分类。后面到达本体结构，其实还有不同的层次，就像菩萨有不同的层次一样。如果再细分，后面还有四种，从四层结构来分类，一共有七种人。

第四种人，就是他已经意识到这三层不够，他建立了一个新的中心，发了一个愿，要成为自己的主人，他成了要寻找主人的人，这是第四种人。前面三种人根本不知道要去寻找主人，他不知道人生还有更高的层面。第四种人有一个新的中心点，建立了一个新的思想观，建立了正见，想要向更高的层面去发展，形成了这样一个愿力，这是第四种人。

第五种人，是在这种愿力的支配下，经过内在的工作，内在的实践，他已经发现了他的主人。在某个时刻，某个瞬间，已经找到了主人，这是第五种人。第五种人虽然已经找到了主人，但是他还不稳定，有时候会丢掉，而且大部分时间都丢掉了。

第六种人，他的这个主人翁已经非常稳定了。大部分时间都能够找到他的主人。主人能够做主，已经形成了一个完整的结晶。觉性已经取代了自我，成了新的中心，觉性中心是一种新形态的中心，是无中心的中心，是无我之真我，这是第六种人。第六种人还有一层薄薄的面纱，还有最后一品无明，还没有彻底地清醒过来。

第七种人，是把这种觉性中心留下的细微的自我观念给去掉，他翻身一跃，跃入了无底的深渊，跃入了真正的空性之中。他完全地有中心、有觉性，但是没有任何对中心的执着、对觉性的执着。他毫不费力地安住在他的觉性之中，不再需要任何的力量去维持。他的觉性和他的生活完全融为一体，不可能再有一丝一毫的迷失。这是第七种人，这就是成佛了。佛是觉者、大成就者、彻底成就的人。

这是我们用四层结构的模型从修道的角度对人进行的一个分类。简单地分是四种人，详细地分是七种人。

其实我们这个生命的四层结构的模型，可以作为观察、处理不同系统、不同问题的一个方法论，具有普遍的意义，这里再简单地讲两种应用。

比如谈到疾病和健康的问题。我们普通人，或者一般西医的医生，他们所谓的疾病和健康都停留在第一层面，也就是物质结构层面。你去医院的时候，医生看你有没有病，完全靠使用他的仪器来测量你的物质层面的要素，看有什么问题没有，有没有什么损坏，血压是否超标，等等。能够被仪器测量出来的，都是物质层面的指标。他所谓的健康，就是我们物质层面的指标没有问题，这就是健康。这种视野是很局限的，这也是我们一般的医院治病为什么会出问题的一大原因。尤其是西医，它是以治疗物质结构见长的，它整个的思维方法，就是看你在物质层面有没有问题需要处理。没有一个西医会问你：你心里有什么问题？情绪有什么问题？思想有没有问题？

但是我们讲生命的四层结构是相互影响的，一个完整的生命没有一个孤立的物质系统，没有一个孤立的物质结构，一定是跟他的能量结构、信息结构、本体结构层层镶嵌的。很多的病不只是物质层面的病，它是来自于能量结构的紊乱。能量结构的紊乱，它是来自于心灵系统的“心结”。心结导致了能量层面的气的扭结，能量结构的扭结会传递并转变成身体上的问题。

这样一个层层递进、相互影响的生命系统，我们大多数医学还没有发现。当然最近一些能量医学、信息医学的新进展已经发现了这些问题，但还没有一个完整的系统，而我们的中医和道医是比较早就有这种整体眼光的。中医很早就知道，人体有气脉、有经络、有穴位，他治疗人的时候，首先要去找原因，找你身体气脉的问题。高明的道医会进一步找你心灵的问题，他知道某种情绪、某种不良的思想，对应着某种疾病，哪一种烦恼跟哪一种疾病相应。

你的病其实追根溯源，是在心灵的角落里面，哪一个问题没解开，长期以来导致你的能量结构出问题，再体现到你的身体结构上，而我们却一直只在物质结构上面纠偏。吃药只是治标，吃完只是保证你几天之内、短时期内有点进步而已。但是如果我们的根源没找到的话，这种治病是没有效果的，是会复发的，因为你心灵的问题没有解决。

所以中医讲“治未病”。为什说可以治未病？对西医来说是不可理解的。既然我没有病，我还治什么？实际上他表达的是不同结构的递进关系。治未病就是你物质结构还没有病，但是高明的医生可以看到你能量系统的问题。他就会观察，通过他的手段，知道你的气脉、能量的阻塞在什么地方。他进一步观察到你的心灵有什么牵挂，有什么放不下。最高明的医生提前把它化掉，把能量的问题解决了，你就不会有物质结构的病了，这就是治未病。

对某些狭隘的医生来讲，你这不就是骗术吗？这不是骗人吗？我本来就没病，你凭什么说治好了我的病？他不能理解中医可以治病于无形之中。所以，在我们的历史上，扁鹊的故事就把这个道理体现得很好。扁鹊的名声很高，治病很厉害。后来他自己说，我在家里，治病的医术排行老几呢？最厉害的是他几个哥哥，治病于无形，高明的医生根本就没有名声，他化病于无形。扁鹊是病出现了才去治疗，所以他的名声特别大。

治理一个国家、一个团体也是这样。“上医”在还没有症状的时候把它扭转了，问题还没有发生，在萌芽状态就被他发现了，因为他有整体的眼光，从整体系统出发来治理国家。我们国家有政治系统，有经济系统，有社会系统，有文化系统，有生态系统，有很多系统，这些系统之间也是层层镶嵌的。水平最低的政治家，非要等出了什么事情才去维稳，头痛治头，脚痛治脚。今天 A 家出事了，明天 B 家出事了，不断地去救火，他没有看到整个国家的整体系统。对我们国家来说，整体系统中最高的层面是什么？就是文化、价值、宗教，是核心价值观这一块。人不能没有了灵魂，国家不能没有了方向。如果只有一批政客为了自己的利益在沽名钓誉，这样的国家能行吗？一定要有为国为民的宏大理想，一定要重建中国人的价值观，让我们每一个人都找到自己的精神家园，让国家找到自己的文化根基，这是最重要的。

人没有了基本的道德良知，就可以无恶不作！社会上有那么多的假药、有害食品，这些人为了利益，不顾一切，其实他们本身也是受害者，他们在社会中阶级地位很低，生活得并不幸福。我们国家的儒释道三教自古以来就是中国人的精神家园，这三家店源远流长，各显精彩；但是经过这么长时间的折腾，我们把自己的文化传统扔掉了，而新的精神家园在哪里？所以要使国家长治久安，文化层次的问题要解决，人心的问题要解决！光靠制度是永远堵不住那些贪官污吏、造假害人等丑恶现象的；光靠法律是管不住的。当一个人没有正见，没有正确的思想，没有灵魂的时候，他也不是自己的主人，他什么都敢做。他也知道杀人偿命，他还是要杀人；他也知道抢劫银行是犯法的，他还是要抢劫。当然体制这个层面也很重要，政治体制、经济体制都很重要，每层结构之间都是相互关联的。我们不是去讲政治，我们是从这个四层结构的系统顺便延伸一下来讲，要注意四个层面都有相互作用，不能光靠一个层面。

反过来我们看健康也是，健康也有四层。通常我们问：你这个人身体健康吗？问的是物质结构有什么毛病？血压、血糖、血脂正常吗？如果没有失常，就认为很健康。但是有一天，忽然发现那个健康靠不住，那只是暂时没有显现出来而已，内在的能量结构已经有问题了。所以健康第二层要讲能量结构的健康，气脉常通，全身关节、经络、能量畅通，不堵塞，情绪梳理清楚了，没有情绪的挂碍，没有纠结。第三层的健康是我们信息结构的健康，思想层面的健康，一个不健康的思想很麻烦，整个人生都被它带走了。这就相当于驾驶有问题，违规驾驶，没有执照，还是酒驾，这让生命很危险哦。所以第三层是信息结构的健康。第四层是达到本体结构的健康，我们所讲的第五第六第七种人的健康是更高层次的健康。彻底健康的人，就是四层结构都健康的人，这就是我们说的“大道养生”。

一般的养生，还是在涂脂抹粉，还是在维护那个小的物质结构而已。再高一点的养生，到能量结构以后，基本上就到此为止；心灵的美化、思想的净化根本不在常规的养生范围之内。而我们提出的大道养生不停留在任何一层，一直通到本体结构，通到道上去。我们要有一个真正健康的人生，就要不断地追问，回到内在工作上来，去找到你的真我，找到你的主人公，活出你的本体生命。这才是一个真正健康的人，所以要成为一个健康的人不容易。

再比如我们拿四层结构来理解四种食物。一般来讲，我们大多数的人理解的食物就是餐桌上的食物，这是一个很狭义的理解，餐桌上的食物仅仅是物质结构层面的食物而已。我们要全面健康的饮食，要做到四层结构的饮食都很健康才行。第二层能量结构的饮食是什么？首先，这跟空气有关，这个空气是我们比餐桌上的食物更重要的食物。我们每时每刻都在呼吸空气，随着经济的发展，空气被污染了，我们呼吸不到干净的空气，这是很麻烦的事情。空气虽然看不见，摸不着，但它是我们生命中非常重要的食物，我们不能忽略这个空气。第二，与我们的情绪有关，如果我们的生命中充满了负面的情绪，那我们在能量结构层面吃的食物就是垃圾食品，愤怒、抱怨、忧郁寡欢、悲观、牵挂，种种不良的情绪，对我们来说，都是能量结构层面的不良食物。我们要有干净的空气和良好的情绪，不仅没有负面情绪，还要有正向的情绪，包括慈悲心、爱心、宽容大度、放下等等。这种正向的情绪，是我们生命中最重要的能量结构层面的食物。你想要能量结构的健康，就必须要保证能量结构的食物健康。第三层信息结构的食物是什么？是精神食粮。我们可以几天不吃饭，但是不能一分钟不呼吸空气；我们可以一分钟不呼吸空气，但是不能一秒钟没有精神食粮！精神的粮食是什么？是不同的印象。我们每时每刻都在摄取不同的印象：你看见的东西是一个印象，进入了你的阿赖耶识；你看一本书，书里面的气息，进入了你的脑海，形成了一种印象，一个种子，这是你精神的粮食。今天你到这个道场里来，听我讲课，你在吃精神的大餐！这可不是一个比喻啊，这是一个真实的状况，它真的是精神的大餐，是一种粮食。它填充了你精神世界的很多空缺，用健康的粮食来清理你精神世界的垃圾，让你的精神得到健康。佛教里面讲的“识食”，就是精神的粮食；“段食”就是我们平时吃饭，一段一段的物质结构层面的饮食；“触食”就是能量结构的饮食，接触也是一种饮食，包括跟人打交道，如跟人拥抱，也是一种食物，你拥抱不同的人，感觉肯定不一样。本体层面的食物是什么？就是空性，体悟空性就是在享受本体层面的饮食。

所以从四层结构来看，有四种食物、四种疾病、四种健康，还可以讲四层美、四层功夫、四层道路等等，不再详细展开了，大家可以举一反三。

打开这样一个视野以后，你看任何一个东西都能够看到它的多层结构，这样你就不是一个简单的人，你就是一个拥有深层眼光的人。

你说这个人有钱没钱，富不富有，用四层结构一照，就知道了。银行里存了很多钱，但是身体很差，能量结构贫穷，一点思想都没有，那你根本就是一个贫穷的人。这样仅仅是物质“富有”的人，你值得去追求吗?！所以要追求四层富有，你物质结构层面再富有，银行存款再多，但是你的身体垮了，那个身外之物对你来说有用吗？生命的发展要四层结构全面发展。我们修行的道路也是一样：第一是从物质结构入手，从修身入手；第二是从能量结构入手，从修气入手；第三是从信息结构入手，从心法入手；最终我们都是要回到本体结构里面去的。

我们看一个人修行的境界或程度如何，同样可以用这个四层结构照一照。

我们说某某人是个大师，水平很高，那这个大师是什么意义上的大师？有的人身体很结实，看起来很厉害、很健康；有的人看起来很有功夫，很有能力，可以“隔山打牛”；还有的人智慧如海，学识渊博。这不同表现的“大师”是一种什么样的大师?所以我们要看清楚不同层面的大师，不要混淆了。那些有特异功能的人，在能量结构上可以说他是一个大师，可以发功治病，但是这一类气功师里面，他的修行状态是有问题的，他没有走完整的灵性的道路。他总是通过功夫去练能量，但没有去净化他的心灵，没有去破除他的我执，还在为他的贪欲服务，为他的“贪瞋痴慢疑”服务，这样的大师就不是灵性的大师，而是所谓的“神功大师”，这些大师将来的下场是比较麻烦的。一个人思想再好，如果没有觉性，也不是真正的灵性大师，那是思想家，讲讲课可以，可以讲出一套套的理论，但是没有觉醒他的本体结构，还不是一个完整的大师。最重要的大师，是觉醒的大师，是心灵已经得到了觉醒，破除了自我中心，大多数时间都能够活在他的觉性当中的大师，这是我们所需要的灵性的大师。

从这个生命的四层结构，我们也可以看到，我们修道核心的原理是什么。

修道的内在工作，我们可以讲三个 C：第一个是“因位”，就是“Cause”；第二是“道位”，是“Course”；第三个是“果位”，是“Consequence”。对因位的修行人，最重要的是什么？在道位、果位上最重要的又是什么？我们要注意这个。从四层结构来看，对因位上修行的人来说，他首先是要有正见，要确立一个大愿心，要找到一种修道的工作方式，进入修道的过程。在道位，在修行的过程当中，最重要的是要净化他的物质结构、能量结构和信息结构，在前面三层结构上下功夫。因为对于一个开始修行的人来说，他还没有体验过本体结构，他不能直接谈觉性的问题，他要从现有的状态入手去做工作。我们不断地在前面三层下功夫，直到有一天我们对本体结构有一个瞥见，有了“见道”的体验，这样我们就从道位上开始迈向果位，有了一个重要的成果。在果位上来说，最重要的就是我们的觉性现前，这时超越了前面三层，领悟了那个没有思想的执着与挂碍、没有情绪的执着与挂碍的纯粹的觉性。

这个纯粹的觉性也是空性，觉空不二。要注意！空性是从法理上来说，但是也一定要配合觉性来讲。万事万物都是空性的，但是对我们人来说，我们领悟了空性，也就是我们的觉性现前的时刻，就是我们觉悟了道、觉悟了实相的时刻。光知道空，没有觉的话，那没有见道，也可能是冥顽不化的一种状态；而只有觉没有空，就不是真正的觉、彻底的觉，那是还有挂碍的觉。我们修道的本质是觉悟我们的本体结构，觉悟我们的真我或者本性。全部修道的核心就是要觉醒我们的真我意识，让那个纯粹意识的觉性现前。全部修道的目标，最终是为了导向一种清明、觉醒的无限意识状态，最后的成果是无限意识、无限喜悦、无限存在，这样一个三位一体的本体状态。

整个生命追寻、内在工作，是为了达到某种自由、解放。而为了达到某种自由、解放，我们必须要解开我们物质结构层面、能量结构层面、信息结构层面种种的挂碍和束缚，这是一个消业的过程。最终是要我们的主人清醒过来，觉醒我们的主人公。不是别的什么去觉醒，而是我们的主人公自己醒来。只有当你的主人存在的时候，我们修道才有成果，所有的一切成就才有了价值。我们所说的主人不再是一种自我，而是无我执的存在中心。当我们回归到觉性的内在空间，找到了我们生命真正的存在，我们就获得了一种自给自足、圆满富足的状态。因为那是一种无限意识状态，与整个宇宙合为一体，一切具足，不待外求，这是一种真正的幸福圆满的状态。

12　幸福生活的条件

什么是幸福的生活？幸福有两种层次：

一种是我们去寻求一种幸福，透过某个对象、某个媒介、某个条件去达到某种幸福。这是我们一般人所追求的幸福。这种幸福依赖于某个条件的满足、实现。你得到了某个东西，达成了某种心愿，才会幸福。这种幸福本身就是受限的、不究竟的，本身也不能做主，没有保证。

第二种是我们讲的真正的幸福。我们要做一个彻底的转换和革命，从那种从对象中寻找幸福的状态当中跳出来，超越任何对象，回归内心的自性的圆满，找到内在的幸福的源泉。带着这种幸福的境界，生活在世界当中。这样我们不依赖于任何条件、任何对象，而获得一种恒久的幸福。

这是关于幸福观念的一个大的革命，这种幸福观可以表述为：

我们不是从这个世界中去寻找幸福，而是我们觉醒了内在的幸福的源泉，带着这种幸福的境界生活在这个世界之中。

你看一个人的境界高不高，可以从这里衡量一下。真正境界高的人，不是因为什么事情而幸福，而是因为他一直幸福，所以他做什么都幸福。如果是因为吃了一顿美餐、得了什么东西而幸福，这种幸福肯定是短暂的、不长久的。所以一个真正幸福的人，他是找到了内在幸福的源泉，活在这种觉醒之中，活在这种宇宙的大海当中，一切具足，一切圆满。这样，他就能够从容地面对生活中的一切境遇，而超越现实的缺憾，那就是我们所要追寻的比较理想的境界。

我们再回到一个比较现实的话题。我们要追寻这种幸福，追寻这种解脱，除了从根本上追寻解脱的智慧之外，落实到现实生活中到底应该怎么办？要追寻那种不依赖于任何条件的幸福，从现实的角度来讲还是需要一定的条件的，这看起来矛盾，但生命就是这样，并不遵循简单的逻辑，生命有它自身的辩证的逻辑。这里我提两个建议，希望能给大家提供帮助。

第一个建议，要找到你生命的方向，找到一个有意义的事业，既可以安顿自己，又可以造福社会。要发大愿，立大志，要用这种大的眼光，做对自己、对社会有意义的事。当你找到了这样一个事业，你这一生就会比较安顿，就更有达至幸福的可能性。如果这一条你达不到，做的是没有意义的事情，不能安顿自己，也不能利益社会，那个内在幸福就无从谈起。如果你找到了，我祝贺你；如果你还没有找到，你一定要去找到这样一个事业，能够安顿自己、利益社会的事业。你的一生有了这样一个事业，就有了一个可靠的基地。这样，当你做自己喜欢，同时又能利益他人的事情时，你不会考虑回报的问题，因为事情本身就是享受。我来讲这个课，绝对不是为了什么，而是因为我想来讲这个课。如果我是因为某种别的原因来讲课，那就麻烦了。你一定要把你所做的任何一件事情变成享受，这样不吃亏啊，你永远是赚的。如果别的还有点什么，那很好，算是额外赠送的；再给我工资也挺好的，我也不排斥。但是我不是为了谁的工资去研究、去读书，那是我的享受。如果我们能找到这样一个工作，这一生就基本上安顿了一半了。

第二个建议，一定要找一个适合自己的修炼法门，坚持不懈，当作你人生最重要的功课。每天抽时间来做，每天最少抽一个小时，来修一个法门。怎么找到合适的法门呢？一开始我们可以用试错的方法。我们今天会传授很多方法，你可以每个方法练一段时间，练一个月、两个月，直到你找到最合适、最契入的方法为止。一旦找到一个好的方法，那就永远不要放弃，除非你到了超越方法的地步。它就是你随身的拐杖，助你迈过人生的很多坎坷，能够使你的人生不断地向上迈进，能够让你把这一小时修炼所得到的片刻境界，贯穿到你的日常生活当中，融入你的生活。我一再强调，修道不是人生中额外的事情，不是宗教信仰的事情，是我们每一个人的头等大事。你要得到生命四层结构的圆满发展，你不去做功夫，光空谈永远不够。所以我们讲的课，不针对任何宗教，你信什么教，我不管，只要是人，“自天子以至于庶人，一是皆以修身为本”，你要抽时间来下功夫，来进入宁静的内在的空间。要把它当成头等大事来坚持，坚持到一定的时候，你享受到法喜，自然而然地就能坚持下去，就不用再勉强坚持了。让修行成为你生命中最重要的习惯，业力也是一个习惯，但是我们可以利用它，形成新的好的业力、好的习惯。修行是用善业来对抗恶业，但是最高的境界就没有善业和恶业的对立，你就圆满了，也不存在坚持了，你已经打成一片了。这个法门好比是禅者的手杖，“竿木随身，逢场作戏”，这就是觉者的风范，他有一个点打通了，这个点随时伴随着他，遇到任何情况他都能对付。我们人生当中，要有一个法门去练，变成你人生的一个拐杖，永远支撑着你。烦恼的时候，你有这样一个法门可以化解；得意的时候，你练这个法门，可以防止你得意忘形。这样一个法门坚持下去，将保证你的人生平稳、健康地发展。

这也是我们这门课——《宗教智慧与大道养生》的根本目标：首先在理论上给大家建立一个圆满的世界观、人生观，确立生命的方向；第二，帮助大家找到你的拐杖、你的修炼法门。坚持下去，如果你达到了这两点要求，那这两天你就没有白费，你就足够赚了！我也赚了，我也没白讲。

几年之后，如果我再遇见大家，你没有坚持打坐，没有坚持修行，还是跟以前一样，那我们这两天的学习就是失败的。如果我看见你坚持下来了，你的人生一定会发生转变，会有质的提升。我不说你有什么大成就，但至少跟现在相比，你会有一个质变，一个根本的变化。每一天当中你一定要拿出时间来，不要说没有时间，因为这是最重要的。根据你的基本情况，你可以选择早上或者晚上，抽出一个小时，选择一个能够不被打扰的时间，来进行这个内在生命科学的实验。

做修道功夫的实验是很有意思的。包括你“数呼吸”也好，参“我是谁”也好，也都是做实验，这个实验很有意思。你会觉知到你身体当中不断的变化、能量的变化和心灵的变化。不断有进步，不断有新的法喜，这可比打麻将什么的好玩多啦！只不过一般人不知道而已。而且有正确的理论指导，是不会出什么问题的。你知道去修什么，什么是重要的。你不会再搞错目标、胡思乱想。很多人怕练功会出什么问题。出问题是因为一开始他的指导思想就不对，他容易被幻觉、感觉带走。我们走的是康庄大道，不会有问题。

大家行禅的时候，以觉知的心态、修行的心态去“散步”。如果你不觉知，你的散步有助于你身体的健康；如果你带着觉知，那你的散步还有助于你灵性的健康。有觉知地走路，看看有什么不同？观照自己的脚步，当我禅杖敲下的当下，马上停止你的脚步。身体、思想都停在当下，体会那个全能地存在于当下的感觉，但是不要去臆测什么时候禅杖会敲下来。观察你的念头升起后是怎么跑掉的，注意念头之间那一段空隙，心越细的人，越能看到自己的念头。一觉知到念头，念头当下空寂，了不可得。

13　追寻宗教源头的智慧

“生命论”可以说是解决一个人人生观的问题：如何理解生命？如何认识生命的现状与发展的可能性？生命解脱的原理是什么？“本体论”可以说是解决一个人世界观的问题。我们如何来看待生命和如何来看待世界这两个问题，是相互关联和相互影响的。

前面我们讲了内在工作，由此讲我们的人生观；在讲如何看待世界的时候，我们要提出内在科学的研究这个课题。

我们研究的这个世界，和一般的哲学、科学所要探讨的世界这两者研究方法是不同的。我们不是要对这个世界做一般科学意义上的客观研究，它怎么组成、怎么发展等等，这是科学意义上的研究。除了一般科学意义上的研究，还有宗教的探索方式。宗教是什么？宗教是另一个维度的科学。也就是说科学一词有两种不同的用法：一是指普通的与宗教概念相对立的狭义的科学；一种是作为普遍真理意义上的广义的科学。狭义的科学和宗教两者，都属于广义的科学范畴。

真正的宗教跟科学不矛盾、不对立，既不相反对也不相排斥，只有那些虚假的、盲目的宗教才是排斥科学的。因为究竟而言，我们都是在探索宇宙人生的客观真理、客观实相。科学家们在做科学实验，在研究这个世界的客观的奥秘，发现其中的规律，有实验，有结论，有数据而且有应用。我们有必要去排斥和否定他们吗？说科学是错的，宗教是对的，这是不可能的。真正的问题不在于科学本身有什么问题，而在于宗教与科学研究的是不同的领域，用的是不同的方法。不同领域的研究、不同方法的研究得出的结论不是矛盾的，而是互补的。当研究同一个领域后得出不同结论时，要么你对，要么我对；但是当我们本身就是研究不同的领域、不同的问题时，就不存在你错我对的问题，是大家都对，因为大家的领域不同。宗教否定科学是愚蠢的；用常规的科学知识来否定宗教，也是自不量力的，也是愚蠢的，它不了解宗教的维度。

在它们都是追求宇宙人生的客观实相和规律的意义上来说，宗教性的真理也是一种科学，是内在生命的科学。宗教意义上的科学与普通意义的科学，一种是内观，一种是外观。外观的时候，生命是作为一种主体来研究这个世界，而得到了关于对象世界的认识，这是科学。但是我们可以注意到，一般意义上的科学，不管是哪一层面，它都是以我们人作为一个主体去研究一个对象，是一种对象化的认识。哪怕是生命科学，研究生命，也是把生命作为一种对象来研究的。解剖人的尸体就是研究人的物质结构；分析人的心理现象，研究人的心理，就是心理学，它是把心理现象当成一个对象来研究的。但是我们宗教的研究是内在生命的科学，不是把生命自身作为一种对象来研究，不是来观察别人，而是把生命自身作为观察的对象，观察者和被观察的对象是统一的。所以宗教的科学、内在的科学不是一种外向的观察，而是一种反观型的自我研究、自我观察。通过自我研究、自我观察，发现了不同的心灵的维度、心灵的境界，同时在这个观察的过程中形成了对客观世界的理解。

有人或许会说，宗教并不认为有客观世界，也就谈不上对客观世界的理解。其实我们对客观世界本身也有不同的理解，宗教或许会认为没有独立于人的意识之外的客观物质世界，但客观世界也可以指“世界的本来样子”、“真实的、不受人的认识所遮蔽的实相”，此时“客观”一词代表的是“真实的”、“真理的”，在这一意义上宗教当然要认识客观世界。客观世界不是指“客体世界”，不是作为一般科学的认识对象的世界。

科学理论的成果给这个社会带来了很大的便利，有很大的作用，在物质结构这个层面上是很有意义、很有帮助的；但是科学有它的限度，外在的科学对物质的研究并不能带来心灵的快乐与安宁。而我们现在所有的大学、中学的教育都体现在外在科学的学习和研究上面，没有一个大学教导人们怎么样进行内观、静心，怎样修炼，进行内在的工作，这是我们这个世界的教育不足的地方。为什么我们这个世界不能更美好？是因为我们缺乏对心灵的内在世界的研究。但其实，其他领域的事情，都比我们这个内在工作的价值更低。我们看到很多人学习很好，可以当一个伟大的工程师、伟大的科学家，但只是做这样一个外在的研究，还是缺少一种生命内在的智慧。他的生活不一定是有意识的，不一定会获得那种伟大的境界，实现人生的价值。这个世界的发展要外在科学的研究和内在科学的研究得到平衡发展，这样才有希望。我们今天讲的“本体论”的部分，不是去探讨外在事物的运行规律，而是寻求在修道的过程中对世界的理解，这种对世界的理解可以反过来帮助我们走在正确的轨道上面。

讲到宗教，我们可以对宗教进行一个概括性的统观。我们可以把世界上大的宗教分为两大类型：一种类型是以信仰为主，信仰神，信仰一个超越的存在，这样一种以信仰为主的宗教，通过信仰来等待上帝、等待神的救度。对于以信仰为主的宗教来说，个体自身是无法解脱的，他需要一个上帝、需要一个神，来帮助他解脱。第二种宗教是以觉悟神性为主的宗教，“神”和“神性”的概念是不一样的，神可以说是一个人格化的超越性存在，但神性是万事万物的内在的本性，它不是一种人格神，神性在佛教里体现为佛性，在道家就体现为道性。第二类宗教，它整个宗教的目标是以觉悟神性为根本的中心。

对于觉悟神性的宗教来说，上帝就在你的心中，你只是需要唤醒你内在的上帝。我们的教学课程所讲的宗教是指觉悟的宗教，我们所提倡的也是觉悟的宗教。觉悟的宗教是根植于修道、根植于内在工作的，是以静心、修行、觉悟为根本的。神性是我们生命中内在本具的觉性，我们只需要提升我们自己，开发我们本具的觉性，实现内在的超越。

对于信仰的宗教来说，它们是以祈祷为中心的。神是在上方，在天空之中，在某个超越人世的地方，我们通过祈祷呼唤神的降临，来加持我们，来带领我们上去，所以它们是以信仰、祈祷为中心的，人和神的关系是这种宗教的根本点。以信仰为主的宗教也有它神秘的意义，包括基督教里也有一些秘修的传统，也是有修行的。但大致说来，以信仰为主的宗教有时会偏离我们精神超越的中心点，偏离我们的目标。

这个以神为导向的宗教，最终变成了以传教士、以牧师为中介、为代理人的一个宗教。因为神本身从来没有直接出现过，出现的是神在人间的代表。那么谁来代表神？以神父、牧师来代表，你要通过神父来跟上帝打交道。这里就容易形成一种剥削机制。他把传教变成了一种无本的生意，他垄断了神权以后，他来做这个生意，传播福音给你；表面上是让你信神，其实是通过他的带领，让你听命于他，你的钱财也就可以到他的手里。而神这个产品是无形的，所以他可以无限地传销，也不需要成本。有时候传播得还很快，这样一来，宗教就有可能会堕落，在这过程中会形成很多的弊端，因为它忽略了人自身的觉悟和内在的提高，而讲的是外在这一套与神打交道的形式。所以，过分地鼓励这种宗教，迷信超越的神，容易被欺骗。

这里讲的是信仰的宗教有可能堕落的情形，但如果对信仰的宗教有更高的理解，它也可能成为走向超越的一种道路。神代表的是无限存在，人可以直接向神臣服，将有限自我超越，而回归于神之怀抱。这一意义上的神，虽有人格化的成分，但最终是超越人格化的，与中国文化所讲的“道”可以相通。

其实佛教和道教这一类的宗教根本就不是以一个超越的人格神为中心的，它们都是以觉悟为根本的。所谓的佛，其实并不是一个人格神，他是一个觉者，是觉悟之道上的一个先行者。他觉悟了，然后才成为我们的导师。但是佛不能改变、主宰众生的命运，佛存在的意义也就是一个教化的角色，一个导师的身份。他是提醒你、帮助你，唤醒你内在的佛性。有趣的是，佛教本来是一个无神论的宗教，是一个纯粹讲觉悟的宗教；但是在佛教漫长的发展过程当中，对很多老百姓来说，佛、菩萨就是神的代表。对于中国的老百姓来说，佛啊、神啊，根本就搞不清楚，他们是被同等对待的。反正见到佛、菩萨、神，都是一样烧香磕头，祈求他们的帮助，这是我们一般人理解的佛教。

也就是说，宗教在其发展的过程当中，有一个不断演变的过程，我们要区分一下宗教之源头的智慧所在与宗教发展过程当中所形成的包装。比如说，佛教本来是以觉悟为主的，但是在后来的发展过程中，附加了一层一层的外包装以后，我们很多的佛教徒就迷失在外面的包装之中，而忽略了去追问佛教的源头的智慧是什么？甚至把觉悟放在一边，只是去求神保佑、求佛保佑，这种佛教的意义已经变质了。所以我们今天再来讲这个宗教的时候，要从宗教层层的包装当中来寻找其核心的智慧，要回归宗教的源头。

在每一种宗教的发展过程中，都形成了两条线：一条是宗教发展的内线，一条是宗教发展的外线。

宗教的仪式越来越烦琐，教条越来越多，外在形式越来越多，这是包装的发展，它慢慢遮蔽了宗教根本的真理。很多的信徒停留在这个外线上的时候，就离开了宗教的源头的智慧。而内线是什么？就是觉悟传统的延续性，是内在智慧的传承与发展。释迦牟尼是觉者，他往外传出这个觉悟的道路，一代一代都有觉者在传承这个教法，在实践佛陀的道路，在重新追寻他自己的觉醒，这是佛教的内线。

禅宗是什么？禅宗是佛教的内线的唤醒。在佛教的发展过程中，在佛教的外线越来越庞大的时候，很多人就停留在信仰和经典上面，在读经读论，在理论层面去接受它，而把它核心的体验、核心的智慧给遗忘了。禅宗诞生在盛唐时代，诞生在佛教繁荣的时代。那时候，佛教的几大宗派，天台宗、华严宗等，都形成了，佛学大师非常之多，佛学非常发达。但正因为佛学的发展，很多人就进入了佛学的研究之中，已经忘掉了佛陀的根本智慧是什么。这时，禅宗在佛学的思辨潮流中脱颖而出。禅师用他的棒喝禅机，用他醒悟过来的觉性，来直接点醒世人。我们要追问祖师西来意是什么？什么是佛法的根本智慧？什么是我们的本来面目？禅宗提出了这个根本的课题。所以禅宗是在佛教里面重觉悟、重实修的一个宗派，也是回归原始佛教、回归佛陀本怀的一个表现。

但是很有意思的是，在禅宗的发展过程中，禅宗本身也出现了内线和外线的发展。禅宗讲不立文字，唤醒自性，点亮自性的心灯，是一个完全实修的宗派。但是“不立文字”的禅宗，禅师们的开示、语录，在整个大藏经当中，其分量之大，超越了所有其他的宗派，不立文字的禅宗是文字最丰富的。所以到后期，禅宗的信徒们又开始研究禅宗了，又开始研究禅学了！禅宗本来是对佛学的革命，不重理论，只讲实修，是直接见性成佛的，但后来禅宗又变成禅学了。现在又演变成种种的禅学，分成很多宗派，研究越来越复杂。在这个过程当中，口头禅、文字禅、葛藤禅、枯禅，各种禅全出来了。禅师们那个活灵活现的心法、直指人心的宗风又被遮蔽了。我们是不是要再进行一次革命，来重新激活宗教的源头智慧？不要让人迷失在理论、包装和文字之中，要知道我们真正的意义是什么：那就是我们自性的唤醒、觉醒。

不光是佛教，在各大宗教里，都有上述内线和外线的发展，都有一个原初的真理被不断地遮蔽的历史。我们可以看到这种灵修的传统、这种核心的体验本来是各大宗教根本的生命力、根本的意义所在，但是后来外在的发展超过了内在的发展。虽然如此，但是每一种宗教里面都有一些秘传的传统，它们在不断地恢复并传承这个灵修实践的传统。

比如说基督教里面，有秘传基督教的传统，它跟一般正规的基督教所讲的是不一样的，它们更多地强调的是神性而不是神。有一些秘传基督教的人，修炼境界很高了，但是被那些注重外在、注重信仰的教徒们视为异端，加以迫害。与此类似，在伊斯兰教里面也一样，伊斯兰教的苏菲主义是一个重实修的传统，重灵性体验的传统。但是很可惜，很多有成就的苏菲，被那些“正统”的讲规矩、讲教条的伊斯兰教徒视为异端而惨遭迫害。

宗教里常常有“内道”与“外道”之争。有一些外道，他本身停留在外面，但是他的自我观念特别强，老认为自己是内道。他不断地反击别人的外道，在他所迫害的那些被当作异端的“外道”当中，其实有很多是“内道”，这就是“外道”以“内道”的名义去迫害真正的“内道”。

再比如，犹太教的哈希德主义、卡巴拉神秘哲学，它们留下了很多的文献，说明它们是讲实修的。印度教的不二论吠檀多，佛教的禅宗，藏传佛教的大手印、大圆满，道教的内丹学，这些都是各大宗教里面重实修、重根本智慧的传统。

如果我们将来要投入某个宗教的话，要记得突破它外线的包围，要深入它的内线。

你去一个寺庙，它有很多外在的东西给你。如果你突破不了，就停留在这个层面，就仅仅是吃斋念佛而已。你要突破外线，找到它的内线，找到它内在智慧的源头，登堂入室。所以学佛教，不管你学哪一个宗派，要有一点禅宗的精神。你学藏传佛教，要有一点大圆满的境界，要有他们大手印的传承，要跟这些智慧的层面相接触。如果你仅仅停留在那些教条上，该做什么不该做什么，只知道一大堆规矩，你只是做个老老实实的信徒而已，不会得到真正的智慧。如果是学道教的，首先要注意老庄，注意道教的源头；其次要注意道教的丹道、内丹学，那是一个很重实修的、很实用的、很有智慧的传统。

讲到这里，我们可以讲一下各宗教之间的关系。我们现在提出一种宗教观，是在给大家一个鸟瞰，使大家对宗教有一个总的理解。

有些宗教把自己当作是真理的代言人，声称自己是独一的真理，别人都是异端邪说。如果按照他们的说法，这些主张他们是真理的唯一代表的人，他们之中不可能都对，只有一个人对。每个宗教都认为只有自己才对，这样就会发生宗教之间的战争。他们是不可能互相承认对方的，因为真理既然被我掌握了，就不可能被你掌握，双方水火不相容。这是强烈排他性宗教的危害性。

但是我们要提出的宗教观，对宗教的了解，不是在“教”这个层面上，而是在“道”这个层面上，我们把“教”和“道”分开。“道”代表的是宇宙、生命的普遍性的真理，是超越“人”的，是不以人的意志为转移的，也不被任何人所占有，它是没有阶级之争、没有教派之分的真理。所以这个道，不是道教的道，不是某一个教派的道，而是宇宙人生的根本智慧、根本实相、根本真理。这个道，我们可以说它是独一的，不可能是两个不同的东西。是真理就是“一味”的，如果有两个东西都是真理，那么这两个东西还是相通的，是一样的；如果有两个东西都宣称是真理，而又不同，那这两个当中只有一个是对的。

这种超越教派、超越民族、超越人的色彩的真理是道，而这个道是不可以被语言所限制住的，不可能下一个定义，用一个概念就把它拴住的。在这里就体现了老子的智慧，老子《道德经》里有很明确的体悟，他一开始就告诉你：“道可道，非常道。”我说出来的道不能代表那个无形无象的作为真理的“道”。当我一说出来，变成语言命题的时候，它就是一个有限的陈述，它不能涵盖那个道的真理。老子的意思是，我本来不想说，你非要让我说，我就勉强把它叫作“道”，来作为对那个不可言说者的一个表达。这种语言文字作为对“道”的表达，就属于“教”的范畴。教法、教化，传出来的东西属于教，在教的层面没有唯一性。道是一，教是多；道是一元，教是多元。对道的诠释、对道的表达是多元的、多样的，是可以从不同的角度、用不同的方式去表达的，我们不能执着于这个表达本身。

这就是禅宗讲的指月论，手指指向那个月亮，月亮是相同的，但是那个手指头的方向是可以不同的，每个人都可以从不同的角度去指。也可以说，我们都在攀登这个真理的高山，这个山本身的风景是一样的，但是每个人攀登的角度不同，所看到的风景也有所不同。但不能因为所看到的风景不同就说别人是错的，因为在路上是有不同的风景的。到了究竟处、到了山顶上的时候，当我们从有为法进入无为法，进入最高的空性，最高的觉性的时候，它就超越了差别相。就好像你从不同的路线登上了山顶时，就看到了同样的风光；从山顶上跳进那个空间、跳进那个无为，就没有区别。有为法一定有区别，有我执就有区别；真正的觉悟是无为法，无我相，无执着相，这时就没有区别了。所以大觉大悟的人领悟了超越于“教”的真理，就不会执着于“教”的层次的不同、不会有这种教派的执着了。

当然，这并不意味着所有的教派在追求真理的层面上都是等价的，有的教派执着于自己的教义为唯一真理的时候，它在教的层面上就已经有所偏差了；而彻底的宗教本身就是完全开放的，它认识到一切教的表达本身都是相对的，需要最后被超越而进入那无言的真理本身。

我们中国的传统宗教，宗教观是比较开放的。儒、释、道三教之间虽然有一定的斗争，但是相融合的地方更多，它们没有互相排斥，而是互相吸收，互相圆融。尤其是到唐宋以后，这种三教合一的宗教观念是占主流地位的。如王阳明所说，儒释道好比都是我们祖先留下的三个房间，每个房间代表不同的功能特色，相互之间是互通的，一起组成了中华文化的大家庭。儒释道三教三系一体，构成了中华文化的整体系统。我们可以作一个形象的比喻，除了三家所阐述的道之外，儒释道都各自附带有一个功能间：道家带的是卫生间，儒家配的是厨房，佛家带了一个储物间。道家有一些治病的药方，帮人治病，解决一些生活的困难，解决卫生方面的问题。儒家的伦理教化，相当于厨房，给我们提供了日常的精神食粮，儒家的教法可以使我们成为一个健全的人、正常的人，是我们不可缺少的精神食粮。而佛家呢，可谓色彩斑斓，里面有很多的宝贝，可以在佛教的储物间里面找到各种各样的东西。

儒释道三教实际上没有形成尖锐的斗争。到唐宋以后，很多佛学的大师，对儒家、道家有很深的了解。像憨山大师（德清），他就用佛教的观念诠释了老庄，诠释了四书，把它们都贯通起来了。而我们道教的张紫阳真人（张伯端），他就公然打出三教合一的旗帜。他讲道教，也讲禅宗，讲的都是三教贯通的。道教的全真教，王重阳祖师，也是主张三教合一的。儒家的很多理学家，包括王阳明，也是主张三教合一的。所以今天应该有这样一种眼光，我们应该把儒释道作为一个整体去贯通地了解，不需要特别强调自己宗派的身份。我们来追寻那个根本的道理，追寻那个宗教的源头的智慧。

这是我们对宗教所做的一个概览，给出了宗教的总体观。

14 现在进入禅修的时间

现在我们进入一个小时的禅修时间。

我们为什么静不下来？是因为我们内心有很多杂念的种子，在不停地乱动，我们的业力使它自动地联想。为了释放我们心田里的垃圾，释放我们情绪的障碍，我们开始练习一种释放内心杂念的方法，就是“有意识地混乱”。在混乱当中加入了意识的品质，这和一般的混乱是不一样的。我们前面用一点时间来练习这个方法，也就是先清理，把一些我们该放掉的先放掉。

混乱包括三个方面：呼吸、说话与思考。首先，我们开始有意识地乱呼吸，在你的意识观照之下，你混乱地呼吸，打破你原来的节奏，能多乱就多乱！就是故意把你的呼吸搞乱，既是混乱的，又是有意识的，通过这种混乱呼吸可以释放某种东西。其次，要混乱地说话，你可以“胡说八道”，嘴巴里想说什么就说什么，充分表达你内心里面的情绪，把它发泄掉。不要管别人，你自己想说什么就说什么。也不要难为情，我听了也不会告诉别人。一边乱说，同时允许自己“胡思乱想”，但是要有一个灵明的觉知。我觉知到自己在混乱地说话、在胡思乱想。你有什么想发泄的、想去掉的，大声叫出来。越乱越好，不要太规矩。

现在开始进入站桩的姿势。经过刚才的混乱，很多身体里、思想里的负担已经释放掉了，现在你的身体很轻盈，很放松，很容易进入状态了。两脚与肩同宽，微曲膝盖，两手自然下垂。头往上直起来，中脉保持直线，身心合一。我们主修的功法，是昨天预备课程教过的观呼吸。呼吸是身心连接的一个重要的桥梁，是最容易打通身心、进入定境的一个重要的法门，也是各宗各派修禅定的一个共法。禅定法门有很多种，但是大部分都跟呼吸有关，包括瑜伽里的呼吸控制。我们不主张去控制自己的呼吸，我们的呼吸是顺其自然的，缓慢宁静，但是我们要加入观照的因素，你完全觉知到你整个呼吸过程的每一个细节，慢慢地要进入身心合一、心气合一，现在整个天底下什么也没有，就只剩下你的呼吸。

通过观呼吸，把你的心收回来，回到你的身体上来，你的精神能量和你的身体完全合一。我们身体里面有阴有阳，我们内在就有阴阳和谐的问题。当你的精神观照你的身体的时候，你的能量就会往上升。就像水被加热一样，蒸汽往上升，这时你的口水会源源不断，再往下吞咽归入丹田。平常我们的精神就像火焰一样往上发散，而能量就像水一样向下流，阴阳不交，阴阳分离。现在我们反过来，让精神向下走，能量向上走，阴阳相会、相交，达到内在的阴阳平衡，你会有内在的妙乐、法喜。每一个男人，他的内在有一个女人；每一个女人，内在有一个男人。如果你能找到你身体里面的异性，就能达到阴阳平衡。你的自身就是一个圆满的存在，你就不再需要向外追寻了。

不要昏沉，不要做梦，回到当下。

现在我们进入练功的第三个阶段，我们不管呼吸了，我们配合呼吸来进行一个观想。姿势不变，吸气时观想光明从你的尾闾穴往后沿着督脉上升，吸气上升到头顶的时候，开始呼气。呼气时观想光明从头顶上沿着任脉往下行，回归你的丹田。这一呼一吸就是一个循环。轻轻地吸气，一团光明，你喜欢的光明，太阳的或月亮的光明都行。注意不是一团光明一直在转，而是每转一次都产生新的光明，收归到丹田，放在那里，温养起来。不要过分拘泥于丹田在什么位置，你就想象身体正中的位置就是丹田。这个功法可以补充人体的能量，让你精力充沛。

15　修道现象学的概念

前面讲了宗教观，对宗教的整体的理解，下面进入本体论板块核心的概念与原理。我们先来讲一下“修道现象学”的概念，这是比较理论化的，我在博士论文《道教内丹学探微》中首次提出了这个概念。

现象学是由胡塞尔开创的一种哲学思潮、一门哲学现象学的学科，在西方哲学中是非常有影响的一个大的哲学流派。与传统哲学相比，现象学一个主要的突破、一个主要的精神是什么呢？

我们传统的哲学探讨本体论的问题，它老是追问这个本体是什么？好像我们能够把握这个本体，能够认识到这个世界有一个客观的什么规律、什么东西，我们能够追问到世界的本质是什么，用语言或理论能够把它描述出来。现象学一个主要的方法论的革命，就是对外在世界到底存不存在的问题先“悬搁”、“打括号”，既不说它存在，也不说它不存在。我们所观察的世界并不是那个客观世界本身，我们所观察的世界实际上是在我们的意识现象中所呈现出来的那个对象世界。我们所认识到的任何事物，并不是外在的客观世界，而是我们的意识现象之中呈现出来的对象世界。也就是说，我们所认识到的对象是我们的意识对象，而不是外在的客观的对象。客观对象到底有没有，存不存在，对于现象学来说都是加括号的，我们不知道。

我们认为有一个客观世界，但是实际上我们找不到证据，因为任何我们所观察到的、所见识到的那个世界，都不过是呈现在我们意识现象之中的一个对象世界，而这个意识的对象世界不是独立在意识之外的，是意识现象中呈现的对象。所以这个对象叫意识对象，而不是客观对象。而我们的意识也不是一个纯粹的意识，它总是在某种对象的对待之中呈现出来。所以意识和意识对象构成了我们基本的意识结构。当我们认识这个世界的时候，我们有意识，也有意识对象。但意识和意识对象都是在整个意识现象的河流之中表现出来的，在整个意识现象的描述当中，我们没有讲到外在客观的事情。

大家有没有听出来，这种认识跟传统哲学的方法论是不一样的。传统哲学家说，我要认识这个外面的世界，对它下结论，它是有还是无，存在还是不存在，它是怎么样的存在，我们是直接去判断外面的这个客观世界。但是现象学将意识的目光反观回溯，我们不是直接去看那个外面的世界，我们是要看这个意识的现象呈现出来的是什么世界。比如说我坐在这个讲台上，下面呈现出这样一个世界，下面有人，有桌子，有椅子，但所有的这些是我意识中呈现出来的，而我认识到的，也是我意识现象当中所呈现出来的这样一个世界。所以当我对这个世界进行描述、进行认识的时候，都是在“意识的对象”这个层次上进行的。所意识到的客体是呈现在我们意识现象中的客体，而我们的意识也是在与意识对象、意识客体相对待的过程当中，表现出这个意识的作用和功能的。

所以对现象学来说，一切对象都是我们的意识对象，而一切意识都是对于某种对象的意识。这是现象学的认识，它对我们主要的启发点是什么呢？

现在哲学界有一个比较热门的研究课题，就是现象学和唯识学的比较，相互参照。现象学的这种思维方式，很容易让我们想到唯识学的观点。唯识学说什么？万法唯识所现，识外无境。在意识之外，没有独立的东西，一切呈现出来的客体、对象都是我们意识的显现。我们不是去做学术研究，我们现在要讲什么呢？现象学把意识的目光进行了回光返照，这个方面跟我们的修行是相通的。我们修道修行所要理解的世界，所要关注的世界，就是这个内在意识现象的世界，而不是外在的客观世界。对于外在的客观世界，实际上我们不能说什么，因为我们所有的观察都是在我们的意识中呈现出来的。

什么叫修道现象学？西方的现象学毕竟还是一种哲学，是一种认识世界的方法，一种哲学思维的方式，它没有意识境界本身的能动的转化与提升这一块内容。对现象学来说，意识还是一个平面的状态，而修道现象学所理解的意识呢，首先是要区分出不同境界的人的意识、不同的意识状态。就像我们前面讲过的四种意识状态、七种人的不同的状态、不同的意识结构，所以修道现象学是讲主体意识的提升，主体境界是可以不断变化的，在不同的境界的人，他的意识所呈现出来的世界是不一样的。现象学只是讲我们所认识的世界和我们的意识是相关的，没有独立的外在世界；但是修道现象学要提出人的觉悟这样一个主题。我们有凡夫的意识状态，有觉悟的意识状态，在凡夫和觉悟之间还有诸多不同的阶段。菩萨还有十个阶梯，菩萨之前还有不同的修道位。所以修道现象学所讲的这个意识呢，展现出一个不同层级的复杂的结构，修道现象学探讨的是在我们这个意识现象里面如何提升我们的意识，如何增加我们的觉悟，所以牵涉到主体自身境界的提升这样一个新维度，超越了哲学认识论的范畴。

对应于不同的主体境界，会呈现出不同的对象世界，也就有不同的认知世界。对于修道现象学来说，我们对这个宇宙本体的认识，不是一个外在式的、天文学意义上的宇宙论，它实际上是把我们对生命本体的认识，外化为对客观世界的认识，从而形成对宇宙本体的一种诠释、一种理论模型。在东方修道的传统里面，对于生命的奥秘的认识和对世界的奥秘的认识，两者是密不可分的。表面上我们是在认识这个世界，认识这个道，对道进行描述，但是道的认识是怎么来的？道不是像西方哲学那样，通过脑子玄想思辨而认识到的，道是一种体验的认识。当我们体验到道的境界的时候，其实我们是要回归我们内在的觉性，回归我们的生命的本体。所以生命的本体和宇宙的本体是相互对应、相辅相成的。当我们觉悟到生命的本体状态的时候，我们就实现了对宇宙本体状态的认知。当我们把这种对宇宙本体状态的认知描述出来的时候，就成为另外一个人修道的理论基础；他通过你对这个道的描述，来反观，来觉悟他生命的本体。

大家有没有听懂这个逻辑？就是说我们对这个道，对这个宇宙本体的认识不是通过外在的科学研究或者哲学思辨得到的，而是我们的先哲比如老子，通过悟道的体验，证到了某种境界，然后把它描述出来，外化为我们对于本体的认识结构。对后人来说，这个认识结构又可以帮助我们体悟道的境界，来认识我们生命的本体。听懂了吗？

道一开始就是从觉悟中来认识的，后来形成了关于道的知识、描述和理论。对于后来人来说，道的知识可以作为我们悟道的一种指引、一个理论基础。我们是先讲本体论，还是先讲生命论？还是先讲生命论比较合适。因为我们最切身的问题就是我们的生命，对我们的生命有体悟——就像当年我在南京大学站桩时对道有了体悟那样——这种生命体悟也就变成了对道的认识，无边无际的道也就是我们的无限本性的呈现。有了道的体验，我们对这个世界也就有了一种理解、一种认识，形成道家、道教关于道的一套本体论的认识系统。

我们现在的哲学家，在讲中国哲学的时候，他就不一定讲这个了；他就直接讲这个道的理论，从宇宙论再到人生论，从天道推人道。但对于中国儒释道三教来说，对世界、对宇宙本体的认识，和对生命的本质的认识，两者是分不开的。我们今天讲这个道，也不是纯粹讲外在的东西，虽然对一般初修行者来说它可以变成一个理论的支撑，可以形成一个理论模型，来指导你修炼，但这个认识本来就来自于生命觉悟的体验。

所以我们把中国哲学归入修道现象学之中，因为这是一种觉悟的提升的现象学体系。为什么叫现象学？它不是从外在的、客观的眼光去看待这个生命、宇宙，而是在整个修道的境界、现象当中所呈现出来的对宇宙人生意义的一种觉解。

在修道的过程当中有不同的境界，这就形成了修道现象学的不同的板块。它可以大致分为以下几个部分：一个叫修道心理学，就是对修道的心理现象进行分析和总结；一个叫修道生理学，就是对修道过程中的生理现象进行研究和描述；第三叫修道方法学；第四叫修道形上学。我们讲的本体论，是修道形上学的层次。今天我们不是讲整个修道学的体系，只是大致地介绍一下。

我们要提到的值得大家注意的一点就是，我们现在对生理学的研究，往往混淆了常人的生理学和修道的生理学，这样我们就会有很多错误的认知。当我们修道到了一定的程度，到了一定的境界，生理会呈现出不同的层面。这个时候我们用常人的状态去理解，是理解不了的。我们举一个简单的例子。道家、道教讲"炼精化气"，这是一个修道现象学的概念，从修道的现象中总结出来的。如果让一个普通的人、普通的医学家，或者普通的生理学家去讲这个问题，他就会觉得困惑："精"怎么会化成"气"呢？他找不到这种通道，他找不到科学依据，便会认为不可能，而且认为精没必要去化气啊，就应该往下自动发泄流掉才对。这里面就是不同的生理学所造成的一个困惑：这种发泄对常人来说是一个正常的情况，但是对修炼的人则是另外一个情况。

如果你不去修炼，精确实不会化气。生命的能量有两种运行的轨道：一个是顺向的、往下流的发泄的轨道；一个是向上的、向内在提升的轨道。你要入定、入静以后，这个能量才会发生转换，没有这种体验的话，你就理解不了。而炼精化气是什么意思呢？他不是后天已经成型的固化的那个“精”再转化为“气”，而是在这个能量状态没有固化之前，就提前把它转化了，这样他就不会形成那个固态的精，这个无形的“元精”才是炼精化气的材料。这个道理，我们将来会在《丹道探秘》这门课里详细讲解。

16　道是无限的存在

我们现在讲一下修道本体论、修道形上学的一些基本的、重要的理论模型，或者说重要的观念——我们来讲一讲“道”。

“道”是最难讲的，但它是我们必须要讲的一个主题。

我们讲“道”有广义、狭义之分。广义的道，不是任何宗派的道，它是代表宇宙人生的究竟实相与究竟真理的。但无疑呢，“道”这个概念、这个名相是道家鼻祖老子最先提出来的。老子、道家对“道”的描述是对那个根本的、超越言说的“道”的一种表达、一种诠释，而且是一种高明的、比较成功的诠释。

我们来追问“道是什么”？当我们这样来发问的时候，就会觉得有点问题，有点别扭，这种思维方式本身就是有局限的。当我们说“道”是“什么”的时候，就意味着我们要找另外一个“东西”来解释这个“道”。但当我们说“道”本身就是最高的概念、最根本的东西的时候，它怎么可能被一个比它还低的、在它下面的东西解释清楚呢？假如说道是A，A是X……那我们就可以接着追问：A是什么？X是什么？那么X应该是更重要的、更基础的概念才能解释这个道。如果X是这样一个概念，比道还要根本，那X应该比道还要难以理解，这样便还要对X进行下一步的分解：X是什么？X是Y，同样的道理，Y是什么？如果Y能够解释X的话，那Y应该是比X还要更根本的东西。那还是解释不了，因为Y是什么又需要解释。

就像在基督教里面，用上帝（神）来解释一切，来解释这个世界，人类怎么进化，怎么产生的……但是如果你去追问一个基督徒，上帝是什么？那个基督徒肯定会笑话你，上帝不能再解释啦！上帝是自主的，上帝创造世界，你不能说什么再产生上帝。那个能够产生上帝的东西就是比上帝更根本的；而上帝本身就是终极。所以他一直往后推的时候，推到一个极限，就到上帝为止。但是我们有没有看到这种思维方式的一个问题：如果什么是上帝不能再追问，那上帝对我们来说还不是一个最难理解的概念吗？它怎么能解释这个世界呢？与其如此，还不如一开始就停留在这个世界上，不要往后追问了。我们用上帝来解释这个世界，但是上帝比这个世界还要难以理解，它其实没有完成解释的功能。这种解释是不能令我们满意的。我们一直追，追到某个东西不让我们再追了，而这个东西又说不清楚，它不能再用别的东西来解释。

所以“道”不能用其他的一个概念来加以简单的解释，实际上道是无法用语言加以完全解释的，它可以被体验、被了悟，但不能被概念化地加以完全的说明。

“道”不是具体的某“物”，道跟具体存在的每一个物都是不一样的。如果我们勉强用哲学的概念来说，“道”相当于“存在”，而具体的任何事物是一个“存在者”。有某个东西存在，这都是存在者，是具体的存在之物；但每一个存在者都有它的存在，我们要追问这个存在是什么？当我们追问我是谁的时候，就是追问我们的存在是什么？不是具体的我的手、我的胳膊、我的眼睛……是我这个生命活生生的存在在哪里？我们也可以追问一棵树，它的存在在哪里？我们可以描述这棵树的外形：枝干、颜色、叶子……但这是树的部分表现，那什么是树的存在？追问……

所以道不是任何的物，存在不是任何的存在者。但是任何的物都体现了道，都不离开道，道不是在物之外的一个东西。在万物之外，去寻找跟万物割裂的一个道，那就不是道。所以道内化于万事万物之中，就像每一个存在者都有存在一样。每一个物的存在，都有道，都是道的体现，所以道在万物之中，而不等于万物本身。

我们不能说道是什么东西，不能对道作一种对象化的解释。从老子，从道家，从禅宗开始，我们开始去寻找对道的另一种表达、另一种诠释。这种表达，就是一种“托云烘月”式的表达。我们不断地从不同的角度去点示、指引这个道，让你去理解；但是我们不能直接说它是什么。禅师讲禅的时候，道士讲道的时候，都是用这种象征性的描述去指点你，因为他不能直接说给你，他会引导你。

这个引导有一个前提，那就是：引导者首先要对这个道有一个真正的体会、真正的了解之后，他才能设法去传达给你。只有当我尝过了梨子的滋味以后，我才能设法来描述这个滋味。但实际上梨子的滋味是不能够通过描述而得到的，我可以给你打比方，我看你吃过西瓜，我就说梨子的滋味跟西瓜有一部分是相同的，也是有点甜，但是它还同时有点酸。这就是利用你的已知，去趋近于那个未知。

所以老子讲道不可说，禅宗讲禅不可说，这种不可说，也是一种说，这是一种负向的表达。当我们说道不是什么的时候，我们已经在开启一种理解的可能性。所以下面我们开始对道进行一个象征性的描述。在这个描述当中，给你某种暗示，让你在某个瞬间有可能理解道是什么。

道是“存在”，道是“无限的存在”，道是“无限场有的存在”。

道是存在，任何存在者的存在都是道；道是无限的存在，存在是一体的，是不可分的；道是无限场有的存在。这个“场”就是物理学讲的“电磁场”的“场”字，这个世界的任何事物都是一种场态的存在，我们可以把它叫作“场有”；不仅仅电磁波是场，任何有形有相的事物也都有它的场，本质上也是一种场有。人有人体场，物有物体场，这个场是一个真实的存在，是无所不在的。当我们看一个事物的外形的时候，它有它具体的存在，固化的表现；但其实它有它场态的一面。任何一个有限体，都在背后通向无限。没有孤立的有限，任何有限都在无限之中，任何有限的事物都在无限的场有背景之中。所以道是万事万物变化、发展的一个支撑、一个背景，世界上的万事万物都离不开道。道不是某一段具体的时间，道也不是某一段具体的空间，道是无限：

时间上是无限的，空间上也是无限的。它包含了一切，同时超越了一切。

道不增不减，不为世间任何生灭的事物所影响。道作为无限的整体，没有时间相，没有空间相。对道来说，没有过去，也没有未来。因为所有的过去也属于道，也在整体的道之中，全部的未来也没有在道之外。道永恒圆满，道永不枯竭。事物有变化生灭，但道无所谓变化生灭，因为所有的变化生灭都在道之中，都属于道。只有当我们观察一个有限体的时候，才会觉得它有生有灭，但是这整个有限体的生灭都在道之中。所以《庄子》里面讲："其分也，成也；其成也，毁也。凡物无成与毁，复通为一。"物则有成有毁，但是对道来说，没有成、没有毁。一个事物消失了，它只是这个状态转移了，对道来说没有消失，它只是变换了一个形式而已。就像我们物理学所讲的，能量是守恒的，物质也是守恒的。存在的只有转化，没有消失。对某一个事物来说消失了，是因为它转化了，所以说消失了；对道来说，它转化成别的东西还是道啊。骨头烧成了灰，这只是骨头消失了，但是对道来讲，这只是变化了一个形式，整体上还是一样的。所以道"不生不灭，不垢不净，不增不减"。如果我们深入地追问下去，任何一个有限体的背后都有一个道在支撑着它，所以"一沙一世界，一叶一如来"。严格来讲，没有一个有限体是真正孤立的。

佛教讲"缘起性空"，这是另一种表达。任何缘起的事物本性是空的，因为本性是空的，所以它跟万事万物是融为一体的，不是一个独立的孤立的存在，它跟宇宙间所有的事物存在着缘起的相关性。这种相关性用现代语言来说就是"全息统一"，任何一个微小的物体当中，它全息了整个世界、整个宇宙的信息，每一棵树的种子里面都全息了一棵大树的信息。

我们为什么要讲这个道的无限性？这跟我们对生命本体结构的认识是相关的。我们把生命看作是有限的，这是我们主观的一个错觉，是因为我们的无明、我们的执着，把生命当作一个有限的存在。而真正的灵性觉悟是认识到生命本具的无限性，认识到生命和万物本为一体的真相，觉悟“性”和觉悟“道”是一样的，“见性”与“悟道”都是同一个实相，都是去掉我们对生命有限的错觉，而认识到生命本具的无限性。所以悟道、觉悟不是创造一个新的东西，而是认识到人在本性上与道融为一体，从而回归我们的真性、真我的状态。

真正的悟道，它是不借助于任何媒介、不关注任何对象的，它是对生命真我最直接的一个认识。真我认识到自己不是有限的形式，而是无限之道。当我们执着于自己是个自我、一个小我的时候，真我就无从呈现，就被遮蔽了；当真我呈现、真我被觉悟的时候，自我就被超越了。这就是灵性的奥秘。

认识生命的无限和认识道的无限是相关的，所以我们常常讲悟道、讲见性，性通于道，道在生命中的体现就是性。道在生命中的体现就是本性真我，而悟到我们生命中的自性真我，也就了悟了宇宙之道。人是一个小宇宙，与大宇宙的生命全息统一，悟道和见性本质上是相通不二的。

我们在根源上都来自于道的海洋，都是和道一体不分的。但是在人后天的生命演化当中，我们逐渐被外在的对象所迷，而背离了我们的生命之道。全部修行的关键在于破迷开悟：破除我们认自身为有限的执着与错觉，而回归自性真我的无限。

修道的意义是什么？道本来就是无限的，你觉不觉悟都是无限的，为什么要去觉悟？照我们修道现象学的理解来看，宇宙的无限之道如果没有生命的觉醒，它虽然是无限的，但它是无意识的无限。而当一个生命觉悟了他自身的无限的时候，这是一个有意识的无限，是觉醒了的无限。生命的觉醒，生命的悟道，从宇宙论的背景来说，就是宇宙之道对自身实现的有意识的认知。整个世界，整个宇宙为了意识到自身的无限性，而显现出生命意识的进化。从道的海洋之中，激荡起了无数个生命的浪花。这一个个生命的浪花，表面上是一个个独立的个体，实际上都是道的体现。道的无限是每一个个体生命的源泉和基础，当我们的生命认识到了生命的无限性的时候，也就是实现了道的自我觉醒、自我认知。真正的生命在本性上与道合一，觉悟了真性就是悟道，而悟道也是回归生命的无限本性，回归生命的无限意识。这是我们对修道的宇宙论的意义所做的一个理解。

生命为什么会出现？在洪荒之中，为什么诞生这个宇宙？无限的道有一种冲动，要去认识它自身。它不能是无意识的，是它通过个体生命的进化，形成了我们人这样一种高级的生命；同时道也在呼唤着我们每一个生命回归它的源头，去寻找生命的家园。找到了我们生命的源头和源泉的时候，我们就与道合一了。

道的演化有两条道路：一是从道生万物的演化，从道的无限性当中，道生一，一生二，二生三，三生万物，来展现这个花花世界。这是世界的一个进化，但是如果只有这个顺向的演化，这个世界就不圆满。所以进化到人这一高级状态后，就要回归，进行逆向的演化。要从万事万物往回追溯，要从三到二，从二回归一，从一再回归零——回归那个道。所以道教讲炼精化气，炼气化神，炼神还虚，还虚入道，这是逆向回归于道的过程。

道家讲，顺则凡，逆则仙。我们往顺的方向演化，就是凡夫俗子，从先天到后天；逆向的演化，就是从后天返先天，重返我们生命的源头，这是我们悟道的意义。当然道教里面有一套具体的如何返本还原的方法，这不是我们今天要讲的主题，我们今天只是形成一个大致的对道的理解。

道的这种无限性，实际上也是一种圆满的境界，当我们去体悟道的状态、道的境界的时候，本身也是一种修行的方法。当我们真正领悟了道的无限时，我们就突破了有限的思维。真正的无限是没有对待、没有对立的，它不跟有限对立，无限包容并超越了有限，如果一个无限跟有限对立，它本身就不是真正的无限。所以无限本身，它不是跟有限对立的，它是超越对立的。相应地，真正修行的大圆满的境界，不是与缺憾对立，而是包容并超越了所有的缺憾。在缺憾当中，同样证悟圆满，因为对道的无限来说，实际上没有缺憾。缺憾是我们的错觉，是我们的迷执，在迷执当中我们认为有缺憾，而真正的道超越了缺憾。真正的大圆满认识到自己的无限，超越了所有的有限的认同，这是我们最终极的圆满的境界。在这种终极的圆满的境界当中，没有得到任何东西，也没有失去任何东西，没有任何东西可以跟我们对立。我们如果观想一下这个道的境界，无生无灭，无得无失，无来无去，无增无减……那我们还有什么得失之心呢？回归这样的道的无限，就是生命最圆满的境界。

在中国文化里面，强调个体的修行、悟道，这并不是一种自私，不是一种新的自我的表现。我们在学术界会看到一些人，他们指责说你只知道自己修炼，都是一些个体的自私的行为，你要去关心国家、关心民族，要去做事情啊！你天天打坐有什么用啊？这是对修道的狭义的理解。其实严格来讲，真正的修道体系，是从正心诚意，从心灵的修炼，到修身、齐家、治国、平天下，这样一个完整的过程。这是一个大的修道的概念，修道不是为了个人的利益，而是领悟了宇宙人生的大道，然后有一种根本的智慧。由内心的和谐，你就可以创造家庭的和谐，国家的和谐，进一步创造天下的太平，天下的和谐，所以和谐社会要从每一个人做起，要从每一个人的心灵做起。

从另外一个角度来说，每一个生命本身就是一个世界，我们的生命里面不同的心灵状态，不同的生理状态，身体里面就有无数的众生啊！每一个烦恼的心就是一个众生，要度自己身内的众生，度众生首先要度自己。度自己，度身内的众生，同时也是度身外的众生，内外一体，内外不可分。所以道家有一句话：治身之道与治国之道相同。我们内在生命里面很多的原理可以用来治国、平天下。

比如说我们讲生命里面主人的问题、诸我和谐的问题，放大了，就是一个国家也是一样，国家也需要有主人，也要有平衡，也要有中心点。很多道教的高人，得道的人，他们有很高的智慧，成为朝廷里面的国师，可以帮助国王治理一个国家。我们的心，我们的主人就相当于天子，一个国家也要有这样一个主人；我们的气血就相当于江河流布，我们的经络气脉就相当于我们的河道交通，我们生理的世界和我们外面的世界有某种对应的关系，天然的全息统一。一个人能够管理自身内的众生，他也能管理一个家庭，进而管理企业、管理国家。

广义的修道是很广博的学问，它是从内到外的圆满之学，而不是跳到一个小洞洞里面去，把自己封闭起来。封闭的修行，那是小我的修行。为了积功德，为了得到什么，为了某种神通……那是错误的发心。真正的修道是一种觉悟之学，觉悟了生命的奥秘，也就了悟了大道的奥秘。了悟了大道的奥秘，就可以为国家、为社会、为人民去做贡献，由自觉走向觉他，走向觉性的圆满。

17 晚间的交流

我们就抓紧时间开始。一开始我们讲过这次课程结合了禅堂的一些规矩和方法，我们知道在打禅七的时候，白天要参禅，晚上有小参。小参就是每一个学员可以根据他参禅打坐的体验和感受，遇到什么问题，碰到什么境界，汇报出来，然后指导老师根据他的情况来讲，这是什么程度、什么问题，解疑答惑，这样有一个互动的环节。这种小参也是为了第二天的进一步参禅，让指导老师了解大家的情况和问题，明天可以作一个相应的调整，还需要用什么方法能够更好地帮助大家。我们原计划是两个小时，但是我们现在人不是很多，我们不一定拘泥于时间，大家如果有问题就交流，交流完了就可以结束。

学员 A：谢谢老师！我第一个想分享一下今天我站桩时的感觉。打坐到三分之一时间的时候，我就发现头这里有一道道的光晃过去，我当时本来在数呼吸，就惊讶是怎么回事：老师晃呀晃我脑袋干什么？这样，我的呼吸就被扰乱了。

在站桩的时候感觉到额头有光的晃动，这个时候呢，如果排除了外面光线的移动或者外缘的运动，那就是你的“内景”，我们内心世界里可以由不同的意识种子呈现不同的现象。也就是说，我没有在晃你，如果灯光也没有在动的话，那是你的意识种子呈现的现象。这种“相”不是坏事，也不要执着它是好事；在任何时候，我们要记得我们在做什么。当你观呼吸的时候，这些外相，所显现的不同的相，不要去管它，不要去执着它，继续练你的功。如果被这些相打扰的话，就影响了我们正在练的功夫。每个人都有不同的现象，这儿跳动、那儿跳动，麻了或者别的什么感觉，身体的所有感觉都不要让它打扰你，你继续做你的功夫。我们的目标首先是要入定，没有杂念，没有妄想，没有昏沉，在定中长养你的慧命，在定中有机缘爆发出你的本性，开发你的智慧。我们修行的路线，要“龙衔海珠，游鱼不顾”，小虾小鱼不要去管它，直追那个龙珠，就是直追我们最核心的目标。

第二个就是，我在呼吸的时候，为什么我观想有个通道时，一呼一吸就能感觉到我的通道的存在？为什么我看不到其他器官的存在呢？

从几个方面来说。第一个方面，从练功的角度来说，你又游离了我们练功的范围，你在考虑别的问题。我们在做功夫的时候，不要管这些，只做你的功夫。第二点，我们能不能看到我们的内在世界？这在某种意义上是可以做到的，是一种功夫的境界，是你的气脉打通到一定程度，而且修炼某种特定的功法，可以看清自己的五脏六腑，可以洞悉自己的内在世界，这是可以做到的。但这不是我们的目标，可以把它作为一个副产品，但我们不要迷失在周围而忘记了我们的中心。我们的中心点还是追问一个根本的问题：我们的灵性也好，觉性也好，在哪里？《楞严经》里面有很详细的分析，能见之性是在里面还是在外面？这个可以去参悟，但是不要因此而游离于我们的主线条之外，我们不要去管这些。

> 第三个问题，《庄子·大宗师》里讲如何让自己的身体和意识有机地结合起来，自己在养心、在修炼的时候，如何能够优化躯体，让自己更年轻起来？

怎么养生来保持身体的年轻甚至返老还童，这是道家的特色。道教讲性命双修，它不像佛家那样强调心的解脱，不在意这个肉体，这个肉体“四大本空”，管它干吗？但是我在文章里曾讲过，四大本空和修炼身体并不矛盾。确实四大本空，但是我们的烦恼和执着还是因为四大而引起来的，调理身体还是必要的；你不是能够真正做到四大本空，你要是能够真做到四大本空，你可以不管身体，那样身体也会很好。修炼身体是一个方便，是为了破除我们对身体的执着。

道家、道教里边有一个比较核心的奥秘，就是身心的交合、身心的交媾，由此产生一种新的结晶。我们光修性的话，那是我们精神层面的净化；光修命的话，那是身体层面的转化。但是道家、道教在身心关系这方面做了深入的探讨和研究。精神对身体有什么样的作用？身体对精神又有什么样的反作用？从精、气、神、虚相续的这个系统里可以看到，四层结构是从粗糙到精微的连续性的序列，而且中间每一层之间都有密切的关联性。

肉体保持年轻、保持长生的秘诀，在《庄子·在宥》里面有一段话讲得最好、最清楚，就是“黄帝问道于广成子”那段：“吾语汝至道：至道之精，窈窈冥冥；至道之极，昏昏默默。无视无听，抱神以静，形将自正。必静必清，无劳汝形，无摇汝精，乃可以长生。目无所见，耳无所闻，心无所知，汝神将守形，形乃长生。”我们的身心阴阳是分裂的，这是我们常人的状态，我们要把它们合起来，让身心阴阳、精神和物质打成一片，游于太和之境。

为什么走路的时候我让你观照你的身体？其实我们这个精神是不断往外发散的，我们一直在关注外边的世界。你看新闻，关注政治、明星，看别人忘了自己；而精神也是能量，是精神层面的能量，回观身体的时候，肉体就会回应精神的观照。肉体、精神两者一结合的时候，内在就有一种“炼金术”。我们在外面可以通过炼金术将贱金属提炼成贵金属，通过外在的炼金术，会有一种化学反应，人体里边也有这种化学反应。道家通过实践，发现了这种转化人体物质与能量的规律性，总结出“炼精化气、炼气化神、炼神还虚、还虚入道”这样一个练功的阶梯，这个是真实不虚的！这不是一个虚假的理论假设，而是一个修道实践的理论总结，这是道教先驱们通过内在生命探索得出的一个科学的成果。就相当于一个公式，你研究数学有数学公式，研究物理有物理定律，而这是我们道家的科学家研究生命科学得到的一个规律。我们要详细了解这个规律，就需要去认真研究道教内丹学。

第四个问题，精、气、神、虚，那个精是什么东西？我现在很困惑，固化的精到底是什么？如果气化是什么样子呢？要在气没有化成精之前去转化，我如何能够逆化呢？我要了解，那个精和气是怎么转换的？

什么是精？什么是气？什么是神？它们是怎么转化的？这个需要很仔细的解说，我们这里简明扼要地讲一下。

在物质结构这个层面上，它本身还可以再分出几个层次，最外面是这个肉体的层次。肉体可以转换成能量，这在理论上是可能的，甚至一切物质发生某种变化，都可以转变成能量。如密宗大圆满的虹化现象，把所有的身体全化成光；包括道教最高成就的大觉金仙，把整个身体化成气、化成光，这个是生命最高层次的奥秘。

从灵性追寻的道路来说，把肉体全部化成光也不是一定要经历的，或者说肉体化光的境界不一定就是最高的。因为我们意识本身就有灵性的结构，那个意识层面的净化是根本的东西。你用一定的修炼的科学手段把肉体化光了，这可能还只是技术性的阶段，说句不好听的话，把肉体一把火烧掉了，肉体也化掉了，肉体的变化不能完全反映精神的变化。意识里边贪瞋痴慢疑的种子是不是转化了？这得做功夫，不是通过肉体的这种转化就能达到的。

修炼身体的意义在哪里？就是让你的身体和精神的结合更加紧密，这样一来你的身心是一体的，你就能够更好地做主，做你身体的主宰，也就容易做到不被你的身体所掌控，因此由身体带来的问题、带来的烦恼就会消失。

通过什么方法来达到这个目标？道家的手段就是加强身心的联结。道教内丹学里边有一个核心的东西，那就是，精神的能量是向外发散的，身体的能量是向下发泄的，一个箭头往上，一个箭头往下，这是一般人的状态。精神能量是火，身体能量是水，火在上边，水在下边，这是分裂的状态，水是永远烧不开的。道家的功夫，叫“取坎填离”，坎在下边，离在上边，离中的一爻是阴爻，坎卦的中间一爻是阳爻，要把坎卦中间的阳爻调上来填补离卦的阴爻，而离卦的阴爻下降到坎卦中去，这样离卦就变成了乾卦，坎卦就变成了坤卦。乾坤代表我们生命的先天境界，坎离代表我们生命的后天境界，而我们后天的生命都是在这个坎离不交的状态里，火向上炎，水向下流，永远结合不到一块。所以丹家要“逆返”，这个“逆”是跟常人的方向相反，你的精神向下观照而不再向外发散，让能量不再向下流失而向上提升，让身心交媾，坎离复乾坤，后天返先天。

我们要从科学上追问炼精化气是怎么回事，那是很复杂的。我们可以拿外丹来做比喻，这跟我们炼外丹的内在原理是一样的。我们知道液态的水经过加热之后可以变成气态，与此类似，精化气的过程相当于液态的精华物质经过意念之火的加工后转变成气态的能量，这个“精”实际上是液态的精华物质，“气”是气态的能量。要注意，这个液态精华指的是“元精”，不是普通的后天精。元精是在某个特殊的阶段，后天精还没有成形的时候，有一个中间状态，它不是完全固化的液体物质，后天浊精已经成形了的时候是不能转化的。它是在未变成后天浊精的某个中间阶段，经过意念的观照先行化掉，使之不转化成后天精。元精本来是生成后天浊精的材料，在它没有转化成后天浊精的时候，先把它化掉，化掉的同时就转化了我们的性能量，性能量升华了，就解除了我们性的压力。

为什么练功可以解决这个问题？为什么修炼到一定程度的人可以出家？如果没有达到一定的境界出家，还是有性方面的问题的，这里边需要一种转化的科学，练功的生理学与常人的生理学是不一样的。常人的生理能量是不断地发散的，我们提前用一种方法把它不断地向上提升，这个时候，你本来向下发泄的能量，就会变成充沛的周流于全身的气态的能量，到一定程度，你的全身就会充满了真气。真气充满后干吗呢？真气要继续跟你的精神能量结合、交媾，这时候你的精神已经不单是一种精神，而是一种整合了能量的精神，道教把它叫神气合一的一种状态，就是“阳神”的状态。纯粹的神没有气的支撑，它这个神没有力量，这是“阴神”的状态，与能量结合后就变成阳神的状态。

生命能够保持年轻的秘诀，道家其实讲得很清楚，就是往回走，向源头回归。“物壮则老”，任何事物发展壮大之后就会走向衰败死亡，经历生老病死的过程，发展壮大的对立面就是这个样子，发展壮大最后消亡。道家的奥秘就是，我不往壮大的方面发展，而是往回走，返本归根，复归于婴儿。不管是精神也好、身体也好，不断地往回走，复归于无极，复归于先天境界，复归于道。这就是说，道家修改了生命的密码，回归年轻化。从理论上说，只要你没有真正到达那个油尽灯枯阶段，就都有希望，都能够返老还童，这里边有许多核心的技术、核心的奥秘，这在理论上是可能的，但你能不能做得到，取决于你的智慧、功力和你的决心、你的水平等诸多因素。

但是不管怎么样，通过修炼让自己比一般人的状态更年轻是可以做到的。我们修炼只能跟自己比，每个人的业力不一样，综合状态不一样，不好比较，但是跟自己原有的状态比，你会活得更年轻、更健康。也许某个练功的人还不如另一个不练功的人健康，但不能由此比较而得出练功无益健康的结论。因为这个练功的人如果不练功，他可能问题更严重；而那个不练功的人可能因为先天的素质和因果关系，他即便不练功可能也能活一百多岁，这也是可能的，但如果他练功，也可以活出更高的健康状态。事实是，练功的人，他本来活不了一百多岁，通过练功活了一百多岁，这种人也很多。你通过修炼，和自己比的时候能够活得更年轻，更有能量，更有力度，这样比，就能找到练功的信心；横向跟别人比不好比，人与人的情况是很不一样的。有的人先天素质非常好，他怎么都不生病，你不能因为他不修炼身体也很健康，就认为不需要修炼，这是混淆了不同层面的因果关系。况且，真正的健康还不只是身体的健康，修炼是促进生命四层结构全面的健康。

学员B：我们反观自己，是仅仅观自己的身体还是观自己的思想？都有什么观想方法？

我们讲了生命的四层结构，由此就可以了解练功的法门也有不同的路径。观自己的物质结构，观身体，这是一种观；观自己的能量结构、情绪结构，也是一种观；观自己的思想念头，也是一种观；那个能观的灵明觉性，既不在物质结构，也不在能量结构之中，也不在信息结构之中，它是超越三者之上的灵性，是本体结构。“观”的目的是要唤醒我们的灵性、本体或真我，而前面这三层都可以作为观修入门的一个方法。

我们明天讲静心法门的分类时会讲到一种观法的分类：观色法、观息法和观心法。观心是根本的，“擒贼先擒王”，观心可以直接开发智慧。不同的观，有不同的效果和功能。八万四千法门就是从不同的观来入手，不同的观有不同的方法、不同的效果和不同的作用。实际上我们有时候让你注意身体，这是我们比较容易观的，这是外层的观。上座的时候感觉你的身体，感觉你身心的融合，身心合一，这对健康、对养生是有帮助的。我们也教大家观呼吸的方法，观息相当于观能量结构；教你观“我是谁”，这相当于观心法，直接观你的心，念头怎么生起？真的主人公在哪里？这都是观的不同方法。

方法上可以作不同的观，但是我们最后的智慧、最核心的观法是什么呢？我（灵性）不是我的身体，我不是我的感觉和情绪，我不是我的思想和念头。我不认同我的物质结构，我不认同我的能量结构，我不认同我的信息结构，这样我留下来的空间是什么？由此唤醒我们灵性的结构，这就走向觉悟了，觉悟才是修道的根本。

觉悟之后，我们怎么处理前面这三层结构呢？有一种境界是直接从三层里边解脱出来，与之分离，入了空性里边就不出来了，这还不是最高的智慧。最高的智慧是能够进入空性，同时我们的灵性能够回过头来应用前面的三层来做事情，来行菩萨道。我知道我不是我的肉体，但是肉体还是被我所用；我知道我不是我的头脑，但头脑是我的工具；我知道我不是我的情绪感觉，但我能够运用它来做事情。这是菩萨的智慧，菩萨不仅要无我，还要能利他。

学员C：我有几个问题：第一个问题是，我打坐几年了，有个感觉就是头难受，昨天就有像水管里的水往上冲一样的感觉……

你的这些表现说明你静坐有一定的基础，也进入过相似的比较安静的状态，这样子唤醒了你的能量结构，能量积攒到一定的程度以后，它就会按照一定的通道去运行，你会感觉到能量的流动。能量的流动跟你的意念是相关的，你意念到什么地方，能量就到什么地方，心到气到，这现象应该是你练功自然的反应，不要去排斥，也不要去执着。这不是我们的目的所在，我们的目的不是一天到晚让气在那里动来动去，像有些人练气功一样，在那里转来转去，而忽略了我们对灵性的追寻。在我们所有的练功过程中出现的能量变化，都不要去害怕，不要去排斥，不要去否定，不要想“我要出事了，我要走火入魔了……”，不要负向的引导，要很正常地淡然视之，静静地看着它，很正常地看着它就行了。保持你的觉性在做主人，我们所有灵性的道路最后都是要唤醒觉性，让觉性做主，要记得你的目标。不要去管它，这是正常的反应。

第二个问题是，在看书的时候，以前不能觉知，看书时还想事，现在看老师的书不再多想事了，一心一意很舒服。吃饭、看电视、打麻将的时候也很觉知，当然现在不打了，这样我在觉知的时候，会不会是突出了我的小我？

我们修行的过程中有个很重要的品质，那就是全然地去做当下的事情，享受当下的事情。当我们吃饭的时候去看电视，就不能享受吃饭这个事，吃饭也是很美的事情，你看电视就分心了，这样你吃的东西里边营养是不够的。当我们很觉知、很欣喜地去享受这个饭的时候，你吸收到的营养是更高的，因为这蕴含了新一层面的东西，加入了意识的因素后吃饭就有了更高的意义。任何一件事情，当我们全然地、有意识地去做的时候，这件事情的品质就提高了，这就不一样了。当你很觉知地全然地去散步的时候，这个散步就跟一般的散步不一样了，它增加了一个新的意识的元素，你这样散步的效果就是练功。

对你来说，要继续保持全然地去做一件事情，那个一心二用、一心六用现在不是你能做到的。

觉知的意义是什么？其实虽然我们把意识分成了许多层次，但是它不是分开的意识，不是分开了好像变成了很多人，人还是同一个人，只是有不同的表现和层面。当我们混乱地随着外缘而自动地机械反应的时候，这个时候是散乱的，觉性就被遮蔽了。觉知虽然不是觉醒，但觉知就是在我们处理任何对象的时候，接触任何事情、处理任何问题的时候，意识不仅仅是在对象上面，而且是在回观它自己，这是走向觉性的呈现、走向觉醒的一个中间的步骤，从觉知到觉醒。你不用担心："我的觉知是不是又培养了一个另外的小我？"因为我们的觉知本身是无分别的，是一个纯粹的观照，当我们一分别、一执着的时候就变成了一个杂念、一个妄想或小我，我们讲的觉知是一个无选择的观照，没有分别地去觉知。我觉知到我走路，我不能去判断我走路的好坏，不是加上多余的东西，这种觉知不是制造一个新的我，也不是制造一个新的分裂，而是走向全然觉醒的一个阶梯、一个过程。

越觉知的人，离那个觉醒的阶段就越近，你能够不断地觉知，不随外界刺激而机械反应的时候，你的人就会越来越清醒，这个清醒的程度提高了，一直到觉性的呈现、完全的觉醒，这是不同的阶段和状态。所以在道位上，在修行的路上，强调的就是觉知；在因位上强调的是正见，发正确的愿力，形成正确的世界观和人生观，这是我们修行的起点。中间最重要的是觉知和观照，到了果位就是正觉：开始是见道、见性，见道后就是菩萨位的修行，就是从始觉到圆觉，从浅的觉悟到深的觉悟，从初步的觉悟到圆满的觉悟的过程。

> 第三个问题就是我们今天的理论学习，戈老师讲这个“道”，各家都讲道，儒释道都讲道，我也修佛也修道，我想问的是，道家的炼神还虚的“虚”，与佛家的“空性”是不是一个境界？道家的“道”的境界和佛家的“实相”的境界是不是一个层次？

佛道之间的比较和参同，是一个很重要的问题。正好我是同时研究佛教和道教的，有很多学生也经常问到这个问题，他们也很关注。

首先我要强调的一点是，佛教徒、道教徒对对方的批判都是不算数的。很多佛教徒说道家的“道”是不究竟的，不是空性的，不是缘起性空，所以是不究竟的，以道为本体是一种执着；或者佛教讲道家“修命不修性”，光是修炼身体，不能解脱。道教徒就批评佛教“修性不修命”，不能达到“性命双修”的最高境界。这些是学得不彻底的佛教徒和学得不彻底的道教徒之间的相互批判，这种批判都是一知半解，都是以误解对方为前提的：我先把对方作一个错误的定位，然后在错误定位的基础上来进行比较。我不主张乱去比较，你学佛就老实学佛，学道就老实学道，对你不了解的事情不要去乱比较，乱下结论。引起无谓的争论没有意义，只会给自己带来无谓的困扰和烦恼。

道教和佛教到底是什么关系？我今天已经讲了一个理论的模型："道一教多"，在那个共通的道的层面是没有佛道之分的，是超越佛教、道教的；在具体的佛教和道教的表达上、术语上，这个要具体分析它们到什么程度，因为它们的描述是从不同的角度，就好比登山，不同的路径看到的风光也不完全一样。佛教重修心，这是它的特长；但是佛教也不是完全不顾身体。其实你修戒定慧的时候，它就牵涉到人体精气神的变化，它跟命功也是有关联的。而道教则以命功见长，但它也不是不修心的，它要性命双修，也是讲究觉悟和觉性的。总的来说，它们有不同的特色，但可以相通，不是说你对我错的问题，而是不同程度、不同侧面的表达问题。

炼神还虚的境界跟空性的境界是不是一样？这个问题又可以分成两个层面来回答：一个是从理论上我的理解是不是一样；一个是修道教的人练到一定境界和修佛教的人悟到的东西是不是一样。这两者的境界还是不一定相同的，因为我们有什么样的先行的观念，我们修炼的程度就会有不同的表现。到底是佛教徒修的境界高还是道教徒修的境界高，这是一个现实的问题，要拿具体的人来比较，不能光从理论上来谈。若光从理论上来谈，还虚的境界和空性的境界是可以相通的，是可以一样的，但又不是必然一样的。看你怎么练了，看你对还虚怎么理解，看你对空性怎么理解，至少它们不是矛盾的，不存在根本的区别。

真正的炼神还虚不是佛教徒所批评的虚空境界，虚空和空性是不一样的。炼神还虚实际上是把你精神系统里边污染的种子全部给净化掉、虚化掉，变成完全觉醒的过程，在这个意义上它跟空性的觉悟是一样的。空性的觉悟也是转化我们的习气和种子的，所以还虚是一个精神的功夫、心念的功夫，不是把肉体打碎了放到虚空里边去。虚空粉碎不是那样，而是让我们精神里边每一个执着的念头都虚掉、都化掉，虚和化是连在一块儿的，道家强调"化"，化掉种子就是还虚，在这个意义上与佛家的修空性没有本质的区别。道的境界与实相的境界，也是这个道理，就不再细讲了。

还有一个小问题，道很玄妙不好讲通，但气可以讲得清楚一点。我们吃饭，吸收其营养，变成我们身体的骨头气血；有一个试验说一个人吃了两斤饭，刚刚吃完后马上称一称，就少了一斤，那一斤到哪里去了？是不是化成气了？

在生命系统和自然系统当中，处处都存在着化学的变化。我们现在科学这么发达，造出这么多东西，都是我们主动变化的结果。找到了物质之间变化的规律，去创造不同的变化，在物质、能量、信息三者之间可以相互转化。我们吃了固体的食物，通过一定的作用，人体的光合作用、意念的光合作用，它会转变成液态的精华、气态的能量，都可以变化。这个转化过程从科学上来讲很复杂，有很多规律、很多奥秘，但总体来讲是这个方向，就是固体可以化为液体，液体可以化为气体。反过来我们精神的能量有时候也在漏失，转变成气，气变成精，精再变成物质，这顺逆两个方向的运动都在同时进行，而我们练功是有意识地创造一种对我们生命有利的转化的方向。像你刚才说的吃两斤只剩下一斤，这个实验不一定是准确的，因为我们没有亲自去观察这个实验是怎么回事，不能把这样一个道听途说的东西作为我们讨论的出发点。在没有确定之前，我们就把它当成一个事实来分析为什么是不恰当的，也许这个前提就不存在。你自己没有亲自做过这个实验，不能确定这个实验的真实性，那是不能以这个资料作为讨论前提的。如果我们吃完两斤，马上去称的话，我想是不会正好变成一斤的，这可能是一种道听途说。但是吃到人体内也不会完全还是两斤，这跟你肠道有关，跟你消化的程度有关，跟能量的转化有关。你过了两个小时、半天、过了一天去称，结果都是不一样的；但是我们一吃进去，它已经在变化了，它变化有个程度，变了多少转了多少，这个我们不能说两斤就一定变成一斤了，它一定在转化，转化到什么程度不能瞎说，不能随便说它气化了。假如我们吃的是固体，它可能会液化，液体再化成气体，照科学来说在这些变化之中总的质量也是不变的，所以重量的变化不能简单说是因为气化了，它的重量变不变，是看它有没有向外发散。作为一个封闭系统来说，它的物质、能量都不变，变成气体它的总重量还是不变，它还在肚子里对不对。所以重量的减少它是一个发散、消耗的过程，变成液体你就出汗了嘛，排泄了嘛，变成气体就蒸发了嘛，这不就减少重量了吗？所以重量的减少跟人体里食物的液化或气化不是这种简单、直接的关系。

学员A："精"是什么东西呢？

我刚才讲了，生命的物质结构还可以分为不同的层面，粗糙的外形这个还不叫精，我们分为四层结构是个简化的模型，如果细分还可以分成六层、八层等等。精是物质结构里边比较精华的那一部分，精髓的那一部分，不是粗糙的外形那部分。可以说，我们人体里边各种各样的液态的精华物质都属于精，包括"男女媾精"的那个"精"，但精也不是局限在狭义的男女之精上面。人体里边的做功、活动都需要能量，其物质基础就是"精"，我们讲"精力充沛"就是因为有足够的"精"。你要有力气、要有能量，就离不开那个"精"，它是生命能量的原材料。精从哪里来？当你吃食物的时候，那些粗糙的物质就转化成你的精了，精进一步转化成能量支持你全身的气血运动，这个能量之"气"就直接支撑着你的身体和意念活动。我们的心动则气动，心气无二，气是比较精微的，它直接和心发生关系；精神和肉体的关系就隔了好几层，需要中间的媒介来沟通，它是一层一层镶嵌的。心气的关系则是直接的，心一动气就动，烦恼一起来，气脉就在变；气的运动再影响你粗糙的物质结构的变动。所以我们讲四层结构的相关镶嵌性，它们相互作用、相互影响：心灵健康了，你的气脉、能量结构就容易健康，再带动你肉体的健康。这就是我们修行为什么可以养生的道理。我们的心灵不断地得到净化、不断地往空性那方面走，心灵的挂碍放下以后，气脉的纠结也就容易解开；气脉的纠结解开以后，肉体的病变就减少了，这就是养生的道理。

我们常说，你看这小孩真有"精气神"，为什么不说有"精气神虚"？

四层结构是一个近似的简化的模型，其实在我们研究一门科学的时候，它可以有不同的模型，对生命系统的研究也是一样。我们可以把生命简化成“身”、“心”两大系统，身就包括物质结构和能量结构，心就包括信息结构和灵性结构，那这个“心”就是广义的“心”，不是我们说的代表“信息结构”的这个“心”。我们读书的时候要理解这个语境的问题，就是要看在哪个语境里来表达，不要咬文嚼字、望文生义。很多人读书一塌糊涂，就是他把不同语境的术语搞混了，一看到“心”字，就以为“心”一定是同一个意思。当我们讲身心结构的时候，这个心肯定是包含了不同层面的东西。对于生命系统，我们也可以讲“精气神”三元结构，不讲这个“虚”也可以，这个时候我们讲的“神”就分成两个层面了：“元神”的层面和“识神”的层面，识神是代表我们的信息结构的心或头脑，元神就代表我们的灵性结构了，灵性结构就是“虚”的层面，所以我们讲精气神就够了，不需要讲这个虚了。我们也可以讲一元结构，就是这个生命本身，当它还没有分开身心两个系统的时候，它就是一个整体系统。所以对生命系统我们可以讲它是一、讲它是二、是三、是四，可以是五，可以是六……看你用哪个模型。道家讲的“道生一，一生二，二生三，三生万物”，这是一种模型；《易经》讲的“太极生两仪，两仪生四象，四象生八卦”，从八卦到六十四卦，这是一个八卦的系统。从理论上来讲还有别的系统，“一生三，三生九……”，这种卦的系统就更复杂了。所以这是我们出于讨论问题的方便，要善于分别，还要善于融合，执着于分别，我们就给自己制造了很多问题：为什么会这样，为什么会那样……其实没有问题！

学员 D：我只关注身边的人，我不去关心我的上一世和我的下一辈子，我只关心我的这一辈子，这是小我的生活吗？

可以从两个方面来说。先从做人这方面来说，你这是一个很好的状态，也是一个很健康的心态，不要管那么多，你就活好自己，活好当下，不给别人带来麻烦，自己心里也很安慰、很快乐，这是没有什么问题的。刚才我们吃饭的时候，你讲的一些东西让我感觉到你在某些方面是有些方法来调整自己、修养自己，来处理人际关系，达到一种人际关系和谐的，这就是孔子讲的人与人之间的一种和谐：怎么达到长幼有序，怎么在伦理方面达成上下有序这样一种和谐的人际关系。这样，你的生活也比较安定，这是正常的、健康的，也不要谈什么小我不小我，不要老拿理想的境界来规范自己的生活，我们还是要过正常的生活，做正常的人，这是第一个层面。第二个层面从灵性的角度、从人的发展的角度来看，我虽然讲你这是健康的心态，但是如果你有缘、有机会的话，你可以向着更好的状态发展，不要停留在这个地方。你还有更好的状态可以达到，还有更深入的东西。生命的发展有很多层次，我们生命有很大的潜力可挖，我们可以活出更好的状态，我们为什么不去发一个更大的愿心，活出更高的状态呢？从这个更高的状态来说，你这是不够的，我们的心灵可以有更大的打开、开放，可以跟整个世界融合起来，我们不单是关注我们自己的生活环境，我在《丹道十讲》里边讲了，我们还关注宇宙的净化！这是一种什么心态，怎么关注宇宙的净化？当我们静坐一个小时，真正静下来的时候，我们就在为宇宙的净化做贡献。我们和宇宙没有分开，比如我们呼吸的空气实际上就通到整个宇宙里边去了。

所以，净化自己的身心灵不仅仅是修炼小我，它也是整个宇宙净化的一部分，我们要成长自己，要帮助更多的人成长，要有大愿心、大智慧，要朝着更高的目标迈进，让你的人生更加开阔、更加光明、更加有一种昂扬向上的感觉。所以我们在走灵性道路的时候，一方面不要随便否定自己，说我这是小我，自己找一些麻烦，你现在的状态也是挺好的，不要去否定自己，从这个状态再向更高、更好的状态去进发。以你现在的基础作为一个出发点，向上发展，向着灵性的觉醒的道路上不断地前进，不断接触灵性的信息，听闻佛法，听闻正法，跟灵性的导师多接触，让自己的心灵得到更大程度的发展，何乐而不为呢？

我是一个初学者，怎么找到适合自己修炼的法门？

这两天我们会讲很多法门，包括主要的修法和次要的修法，我们会讲很多。每一种都可以去试验一下，最后找到一种自己比较适应的去修炼，做功夫是很重要的；但另一方面，不管修什么法门，我们要不断地去开阔自己的灵性视野，提高自己的智慧境界，这是我们灵性成长的重要的阶段。所以你可以在这个方面去成长，不断地提升自己的认知，加深对世界的理解、对灵性的理解、对生命的理解，开阔你的内在世界，开阔你的精神世界，这也是一种修炼。修炼不是狭义的观呼吸数呼吸，从一数到十，从千数到万，永远地数下去，不长智慧，那只是一个方便法门。我们的关键是要长智慧，提升自己的观察能力、理解能力，提升自己更高的视野，要去接触正向的信息，看灵性的书籍，有能力听经、听法，不断地向着菩提道上迈进。至于哪个法门适合你呢，对你来说不需要复杂的法门，找一个相对简单的法门就可以了，然后把心灵安顿下来，再不断地反观自己，找到灵性，找到觉性的空间，慢慢成长。

还有最后一个问题，也是我比较关注的，我们学习了这些重要的灵性知识，如何去影响下一代、影响我们身边的人？

修行，其实不管自觉也好，不自觉也好，都在影响周围的人；为了影响身边的人，最主要的还是要修好自己。我们讲要先度“身内众生”，度身内的烦恼众生，我们身体里边有很多众生啊！有各种各样的问题，把这些问题解决掉，活出你的状态，活出你的智慧，活出你生命的光辉，那这个生命场本身就在影响周围的人。如果你在孩子面前表现了那样好的生命状态：豁达、看得开、有智慧，这个会不知不觉地影响你的下一代。

身教重于言教，这是第一点。第二点，我们所学的这些灵性的知识可以用在你的教育方面，你如何看待生活的意义，如何看待生命的价值，你的视野就打开了，你就不仅仅去要求孩子考试要拿多少分，去求那些外在的东西了——那仅仅是低级层面的东西，你就会培养孩子不同层面的发展，比如孩子处理自己情绪的能力，孩子做人做事的能力，孩子观照的能力，不认同自己的情绪，不认同自己简单的思想念头。从小就培养孩子往觉醒的方面走，这是对孩子最大的利益！

刚才吃饭的时候说到现在的教育有很大的问题，拼命地灌输知识，小小的年纪学那么多无用的东西，把人本身的发展给遗忘了。孩子也不知道到底为什么学那么多，忙于做作业，忙于听课，一天到晚瞎忙，但是最基本的东西没有学习到，基本的劳动体验都没有，他不知道饭从哪里来，不知道菜怎么做，不知道生活的艰辛，不知道人生的很多体验：这是错误的教育！应该给孩子一个全面的教育，用我们讲的理论模型，从生命的四层结构进行全面的教育和体验，孩子的健康成长就是四个层面同时要健康，不仅仅是一个层面，而孩子现在的情况是一个层面的健康都做不到！乱吃东西，吃垃圾食品，身体的健康都达不到。

我们自身的修行本身就在影响我们周围的人，随着我们智慧的提高，再自觉地、有意识地去帮助更多的人。你感觉到一个更好的东西，感觉到真理的力量和光明，你会愿意跟人分享，传授给他生命的智慧；或者跟你差不多的人他有相似的心结，你可以帮人家化开，或者给人家指点道路、指引方向，告诉他有那么一本书他可以看看，这些都在不知不觉中帮助了他人。这就像是“传灯”一样，我这盏灯就是在点燃附近的灯，附近的灯再点燃更多的灯，灯灯相传，灯灯相续，光传无尽，这样地球就有希望，人类就有希望！而不是一个坏人在导致另一个坏人，这种“坏坏相续”，恶性循环。今天你干了个坏事坏别人，明天我再干一个，这样就制造了地球的灾难。所以“自觉觉他”不是一个口号，也不是一个空洞的理想，是可以在我们日常生活中体现出来的！哪怕你的能力不够，也要尽力而为，每个人做自己力所能及的事情就可以了。

> 学员E：观照是不是对自己的所作所为进行一个反思？入定和昏沉有什么大的区别？有一次打坐，保安叫我，我都不知道，我是入定了还是昏沉了？

你前边讲的反思和观照是有不同的。反思是一个更哲学的概念，就是我们的思想在不断地反思，这还是一种思考的状态。反省也是很好的，在我们人生中也需要这种不断的反省，它能使我们总结经验教训，更好地前行。但是观照不是反省式的思想活动，所谓观照就是提起你的意识。我们平常人大都是无意识地生活，现在我们有意识地做事情，要体验这种“有意识”的状态。比如手在运动，我的意识却在别的地方，这是无意识的运动；你现在可以有意识地运动一下，感觉一下两者的区别。打太极拳就是要有意识地运动，你马上感觉到能量的变化。什么叫有意识？大家可以体验一下。观照的意思就是你要很有意识地去做事情，它不是一种思想，不是分析。思想本身可以是无意识的胡思乱想，观照的时候就可以有意识地去思考、去想问题，这跟无意识的思考是不一样的。我们发脾气通常是无意识的，但是我们有意识地去发脾气又不一样，所以我们讲要有意识地去疯狂，这个疯狂是在我们的觉知和控制之内的，把你的疯狂发出去，你就变得不疯狂了。

第二个问题，入定和昏沉、昏睡是完全不同的，一定不要搞混了。如果我们入定了半天就是昏睡了半天，进入一种什么也不知道的无意识状态，那叫昏沉无记的状态，这不是好状态。我讲得严重点，如果昏沉无记，还不如不修行。不修行虽然散乱但好歹算有点意识，昏沉是没有意识，所以佛教讲这种昏沉无记、无意识是要堕入畜生道的，这是走向愚痴的道路，是要堕落的。不能修那种定，如果你很困就干脆睡觉，不要养成一修就困那种状态。那么，入定的时候是一种什么状态？要记住，入定没有分别心，没有杂念，没有妄想，但是还有一个东西，是什么？就是有觉知、有意识，你什么都知道，但是什么都不分别。你能够听到下雨的声音，很安静，听见所有的东西。你入了很高深的定境，甚至能听到蚂蚁打架的声音，那个心是非常灵明觉知的。你甚至可以听见遥远的声音，听到天边的声音都有可能，有的还会发神通，能看到很远的东西。所以这个心是非常灵敏的，绝对不是非常昏沉无知的状态，它是知而不用，知而不分别，那个知是在的。有意识有觉知而没有分别，这是入定；无意识无觉知，这是昏睡、昏沉，要分辨清楚，两者完全不一样。比如打坐的时候，我们不断提醒大家，不要昏睡、不要胡思乱想，回来，回到你的功夫上来，回到你的呼吸上来，要记得你的呼吸，如果你入梦乡去了，我讲话就变成了催眠曲，睡得好香！睡着了也没关系，但是你不要把它当作入定，不要天天修这种昏沉定，那就麻烦了。

学员F：戈老师好，我静心观照呼吸的时候，我的重心不稳，有点前后摇晃，不知这个是正常的还是不正常的？

这个要调整你的姿势，一个是要把下边放稳了。你下边可能不是很平稳，你的坐垫有点小，坐的姿势不是很正。你感觉到身体在摇动，是因为你的心静下来了，你平时没感觉到，其实你平时的身体也可能不安定。这个时候你要把姿势调好，要有意识地观照你的身体，看这个身体是怎么动的，觉知到它的动，让它变成你自觉的行为，你自己就会发现这个动的原因是什么，你自己去观察它。你的意念跟你的身体的重心不是一个概念，你的意念不会影响你身体的重心，身体的重心是个物理的概念，是不会乱动的，不是说你意念一动重心就动了。所以这是你自己意念的诱导、导引而导致身体的变化，这是你的错觉。其实你只要把身体调好了以后，专注地观察你的呼吸，不要有那些多余的念头，身体就会慢慢地定下来。如果还动的话，就可能有别的原因，很可能你养成了身体动的习惯、习气。比如有些阿罗汉，他还有习气，有的喜欢掏耳朵，打坐的时候就掏起来了；这是一种习气的表现，就是你平时有某些动的习气在这个时候呈现出来了。但这个问题不是很大，不要去管它，如果你觉知到它动的时候，就让它别动，坐正了、坐直了。

第二个问题，站桩的时候我的注意力放在脚掌上受力的地方，我不知道站桩的时候是不是应该把身体放平稳，受力是放在后脚掌还是放在前脚掌呢？因为站久了注意力放在脚掌会有疼痛感。

你在站桩的时候不要关注脚。我们散步的时候，怕你忘记了走路，一个方便是注意一下自己的脚；站桩的时候，我们把姿势调好后，双腿微曲，站直站正以后，进入一个心法的阶段。这个心法要求身心合一，回到一个统一点上，不是观照你身体的某个部位，而是感觉到身心的统一，统一在一个地方。你的身心没有分别、打成一片，你的身体和你的心融合在一块了，进入一种交融合一的状态。然后你的精神不向外发散了，回到你身体上面来；你的身体能量不向外发散，回到你的精神上面来。两者抱成一团，神形相守，神形合一，这样就可以水火交媾，阴阳合一，不要注意你的脚或者脚指头。

我可不可以理解成我不关注身体的细节，而是把注意力放回到身心统一的状态上来？

关注细节是某种特殊的方便，比如守某个丹田、某个窍穴等，我们现在是要精神回观，回观到身体的整体的感觉。不是某个点，而是把你的身体和精神融成一块，有抱成一团那种感觉，精神收回来跟你的身体完全结合。不是跟某一个点结合，是跟你的整个身体融合了，这个时候你的精神不再向外发散，就在你的身体里面，至于在身体的哪个地方呢，就像盐在水中融化成盐水，或者糖融于水中变成糖水一样，它不在某个地方，每个地方都在，把你的精神融入你的身体里边去。

学员A：我上边讲的白光晃来晃去呀，那个白光是有能量的，它在推着我走，它是外界感应到的能量还是自身产生的呢？

应该是一种内景，也就是练功的功景，不是外边的，跟外边的没有关系，因为我们身体里边本身就有很多的能量，它会自己投影。比如，我们做梦的时候，为什么什么都可以出现？梦见火那个火很真实，梦见去某个地方，看到某个景色，在梦境里边很多真实的影像都呈现，但是实际上我们梦里什么都没有，这是我们意识种子的一个呈现。你看到的光是你的意识种子的呈现，不是外面的，不去执着它，不去认真，不把它当真。如果你把这些事情当真的话，容易产生多余的念头，多余的执着，多余的问题。所以大根器的人，啪，直接就过去，把它放一边去，我们直追根本，不去摘叶寻枝，而是直接回归根本，直奔主题，直达这个源头。找你的觉性，回归真我，把这些东西超越掉！

我在观呼吸时没有去找什么东西，只管呼吸，只有呼吸，那个“根本”不存在啊！

我刚才讲了，整个练功的过程当中要奔着那个目标走，不要被中间的东西所打扰、所干扰，要知道我们修行是干什么的？是修定、修慧，修我们灵性的觉醒，不要去管光啊、色啊那些感受，这是我们刚才讲话的语境，是为了回答你刚才的状态是什么而提醒你注意什么。但我并不是说，观呼吸的时候要去找什么，炼一个法就炼一个法！当我让你参禅，参“我是谁”的时候，那是让你直奔主题去找这个根本；观呼吸时去找根本，那就不是观呼吸了。观呼吸就是入定的法门，就是让你去观呼吸，那就对了，没有说让你观呼吸的时候去找根本。当你观呼吸入了定后，出现各种状况的时候，这个时候让你找根本就是不要被这些眼前出现光、种种心理的感觉、感应所带走，继续往前走，往定上走，往慧上走，这就是找根本，沿着这条道路走。我讲的时候你要理解语境，不要混在一块，要知道我在说什么，不要把不同的事情混在一块。

学员 D：我在观呼吸的时候，是不是可以参“我是谁”？

从某个方面说，当你观呼吸的时候，你就专门去练观呼吸，不要去搞别的，专心致志，这是一个层面；但是法都是灵活的，对不同人是不一样的。如果我不是一定执着于观呼吸来修定，偶尔用一下参“我是谁”，在观呼吸的时候反观一下，这在某个时候也许有特殊的效果，让你知道谁在观呼吸啊？这也是作为某个人在某个时段、某个时机下的一个方便，也可以试一下，也没有什么坏的作用。

我在生活中是不是可以经常观照“我是谁”，在走路的时候甚至开车的时候？

可以。参问“我是谁”可能对你比较有感觉，走路的时候可以用这个方法：谁在走路？拖着这个身体的人是谁？这样一问的时候容易将你的精神收回来，回到那个中心点。这个法门在生活中可以随时用，当然要注意一个前提，要保证安全！开车的时候，你不要对“我是谁”问得入迷了，到时候红绿灯也不管了；在一定程度上、在保证安全的情况下是可以的。尤其是除了开车之外，别的情形都没有什么大问题。开车时不要因为追问我是谁而入了很深的定境里边去了，到时你跟车的关系都搞不清了……

在堵车的时候，心烦的时候用“我是谁”的方法，可以让自己清醒过来。

对！这个方法很管用，如果你用熟了，“我是谁”这个方法你一提起来，念头就可以收回来，当下回归自己的觉性。堵车时可以用，生活中也都可以用。

学员G：不好意思，耽误大家时间。年初的时候，我念过半个月的《地藏本愿经》后，在我身上发生了不可思议的事情：一天早上十点多钟的时候，我突然就要晕了，我感到我控制不了了，我立马躺在床上，我完全没法动弹，精神身体完全控制不了，我被压住了，我要失常了。从那以后我就相信，世界上有些事不是看不见就不存在，我就想问：像这些应该怎么解释？

首先我提醒一下，我们在问问题的时候，不要说“不好意思，耽误大家时间”，要给大家一个良性的信息。因为我们现在就是要让大家提问题，不存在耽误别人时间的问题，别人在你的问题当中也是受益的，就像别人问问题没有耽误你的时间一样。在这种情况下我们要经常给自己一个正向的引导，我们要很自如、很大方地提问题，不要说“不好意思”，因为我们现在欢迎大家提问。

刚才你讲的这些东西呢，正如你所说，我们这个世界，不仅仅是我们看到的这个显现的世界，还有幽冥的世界，还有不同层次、不同维度、不同空间的世界都存在，简单地否定这些存在，是因为他只看到了一个浅层的世界。确实有不同层次的世界的存在，在这个不同层次的世界里边，生命有不同的阶段、不同的状态，也有轮回，也有流转，还有不同层次的生命，包括我们看不见的生命，其实都存在。在这个生命的长河里边，每个人都有无穷无尽的业力和经历，我们每一个都是“再来人”，都带有自己的业力。

《地藏菩萨本愿经》是一本跟“消业”关系特别密切的经典，你不断诵这部经的话，会勾起很多的宿业反应，这种宿业的体现也不一定是坏事，它有些时候呈现出来是帮你消业，种种的反应是在这个业力呈现和消业之间，如果你是正确地念经、正确地拜佛礼佛的话，那么这个反应是消业的过程，不是坏事，它是一个不同的呈现。

当然在这个消业的过程中，也有可能某种无形的、另外一个世界的生命跟你有什么业力的关联，它给你呈现一下子，给你一个反应，这是一种可能性；还有可能是你自己心灵里边的业力种子的呈现，但这两种情况都是业力的表现，这个业力体现出来跟你的念经有关系。如果你要继续念经的话，最好找一个正统的佛教的大德，去做一个皈依的仪式、礼拜的仪式，请大德帮你一起来念经，一起来消业，这样就比较好了。

18　有没有正见是我们能不能走上修行之道的一个核心

我们上课之前首先还是先礼敬！当我们有恭敬心的时候，诸佛菩萨、所有的先贤大德们离我们也不远，我们本来是相通的；我们心灵里边只要有他们，就能得到他们的加持。佛菩萨的心是没有分别的，它就像空气中的电波，随时在关注着众生。也可能众生会说，我没有得到加持呀！那是你的心冥顽不化，你的心不跟它在一起，它的加持也进不来。就像阳光一直在普照，但是我们把心灵的窗户给关上了，阳光就被挡在了窗户之外。

我们要随时调整自己，把心打开，向宇宙开放，向整个法界开放，让我们在心灵深处来礼敬诸佛菩萨，礼敬历代的悟道的祖师大德们！希望他们的教化、他们的智慧能够传输到我们的心田，开启我们内在的智慧心灯，让我们像他们一样走向自觉觉他的菩提大道。

我们生命的意义就是要走向觉悟，来帮助更多的众生走向觉悟，直至自觉觉他的圆满。让我们发起这样的菩提之心！你发的愿非常重要，它会影响你今后的人生，不光是影响你这一生，还会影响你所有的来生，所以要经常发大愿。

礼敬完诸佛菩萨，我们保持一种觉知、练功的状态来听课。在昨天的一天当中，如果你们有任何曾经进入灵性状态的体验，现在可以把它唤醒，回忆起来。在棒喝的当下，在你进入某种定境的当下，是个什么样的状态，我们回想起来，护持住我们的心念，在这种宁静自然的灵性的状态当中来听课。

你不用操心能听懂多少，当你没有这些后天的分别心的时候，所有你该明白的都会进入你的心中，成为智慧的种子，进入你的心田。越是胡思乱想，越是紧张，越想听清楚，反而越听不清楚。万一在听课当中有某些信息你听不懂，没有关系，随时放下，接着听下面的，不要留恋过去。因为一切都是缘，那说明你现在听懂那部分的机缘还没到，基础还不够，我们现在只能听那些能够接受的，听明白这部分就可以了。

要随时有这样一种心态：随时能够开放，能够接受一切；随时也能够放下，没有挂碍。不要因为任何事情去内疚，去责备自己。内疚是没有用的。佛教讲忏悔，忏悔跟内疚有什么不同？忏悔跟常人的后悔有什么不同？这是需要搞明白的，不能因为佛家提倡忏悔，我们就天天去后悔、去内疚，这是两种完全不同的心态。

内疚后悔是一种烦恼心态，是某种执着挂碍，对我们灵性的心态没有任何正向的意义，它是一个烦恼，所以不可取。无论过去发生什么，后悔没有用。但是为什么要忏悔？后悔内疚是无意识的，忏悔是有意识的。忏悔是在有意识的状态当中沿着一个特定的方向去回观自己的所作所为，了解到过去的所作所为是出于贪瞋痴等无明的业力，我们发自内心地要纠正这种无明的行为，发愿在今后的人生中不再犯同样的错误。

忏悔着眼于未来，后悔纠结于过去，这是不同的。俗人的内疚后悔是因为过去的习气放不下，在烦恼；忏悔不是放不下过去，而是通过对过去有意识的反省、观照，来防患于未然，防止我们今后再犯同样的错误。

《华严经·普贤行愿品》十大愿里边有一大愿叫“忏悔业障”，我们现在也朗诵一下《华严经》中的“忏悔偈”，来帮助我们消业，因为我们过去长期以来做了很多从无明出发的身口意的行为。下边大家以虔诚的心来跟着我一起朗诵忏悔偈：

往昔所造诸恶业，皆由无始贪瞋痴，
从身语意之所生，一切我今皆忏悔。

这就是我们昨天为什么有的人有体验，有的人没体验，有的人体验深，有的人体验浅，这都是“业”的关系：每个人的基础不同，你带的业不同。

做任何一件事情，比如推一部车子行走，它都有一个阻力、一个动力的问题。人生也是如此，有两条轨道：

一个叫作业力的轨道，在无明的前提之下，从身语意所生的行为，包括身体的行动、语言的表达和思想活动，在无明、无意识的情况下所造的一切都会留下它的业力，这是一个轨道，凡夫就一直在这个轨道里边跳不出来。

一个修行人要建立一个新的轨道，在无明业力这个轨道之外，生起一个明行的智慧的轨道，是觉知的、有意识的这样一条智慧觉悟的新轨道。这个明行系统、智慧系统要从无到有慢慢建立起来，用这个智慧系统来扭转那个业力系统、无明系统。

修行过程中，开始是无明轨道，慢慢生起智慧轨道，智慧轨道慢慢长大，无明轨道慢慢缩小，这就是我们修行的成长。最后你的智慧完全破除无明，超越了你的无明的轨道，只有智慧轨道，只有觉悟，那就代表修道成就了，没有问题了。

在这个过程当中，有时是无明占主要成分，有时是智慧占主要成分。当智慧战胜无明的时候，我们就活在明白当中，活在开朗当中；当无明压住了智慧，把智慧遮蔽住了，我们就是凡夫俗子。在修行的长远的过程当中，这个阶段是一直有的，你不要说我们修行了半天怎么还这样，因为你这个业力轨道不是一下子就能被转化的。

但是为了要生起我们的信心，我们要不断地观照这个智慧系统在不断长进，要给自己鼓励，智慧增长了就应该很有信心。不要因为我现在还有贪瞋痴，还有烦恼，还有问题，我就说修行解决不了问题。既然你这个业力是这么长时间造成的，你智慧的养成也需要长久的发心，要发长远心！

真正的修行不是一天两天的事情，甚至不是一生两生的事情，它就是我们整个生命的功课。我们生命活着的意义，就是要寻求生命的光明，寻求生命的解脱，证悟宇宙人生的实相，成为一个觉悟的人。

在这个寻求觉悟、寻求解脱的路途当中，什么是我们的指路明灯？靠什么来引导我们走向智慧的道路？大家思考一下，大家认为一开始靠什么？有人说靠反观，反观是做功夫，是我们做功夫时不断要用的，但一开始凭什么去反观？凭什么去指导他反观？一开始的起点靠什么？有人说靠发心，很好！还有不同的看法吗？有人说靠慧根和因缘。我们作为因位的凡夫，要走向修行的道路，最重要的是什么？你说的反观是做功夫很重要的方法，怎么才能正确地做反观的功夫？发心非常重要，但如何才能真正地发心？慧根，我们说某人有慧根，是说他有某种根器与特性，不能靠这个来修；因缘是个泛说，佛度众生都是靠因缘，无缘他也度不了，这个没错，但太宽泛了。

所有的走向修行道路的人，在修行的第一步最重要的是什么？下边我给大家一个"标准答案"，最重要的是两个字：正见。佛教"八正道"里的第一个就是"正见"，作为一个修行人第一步最重要的是确立正见。刚才有人说第一步靠导师，但导师的作用对你来说也是帮助你树立正见！你不能完全靠导师，导师也不一定一天到晚在你旁边，你要通过导师去寻找的是什么？能够指引你人生走向正确的轨道的是什么？能够在你人生的修行过程中一直帮助你的是什么？是要确立我们的正见！自始至终，从因位到果位，贯彻始终的、能够指引我们的最重要的就是正确的见地。

有人说修行最重要的是"无我"或者"空"，无我、空是果位的一个境界，一开始知道无我、知道空只是一个概念而已。若不知道真正的空是什么，那怎么能够帮助你达成空的觉悟？无我、空是通过正见、通过正修去证到的一个果位境界，一开始我们不能指望无我或者空性来帮助你，对无我、空性的一个正确的见地才是我们真正的起点！而且正见是贯穿始终的，它是对宇宙的根本实相的一个确定不疑的认识，它是我们心中清楚明白的发现：人生的大道是什么？方向是什么？要走的路是什么？从此不再犹豫不决，徘徊于大道之外；从此不再迷惑于那些邪师外道，胡说八道的骗子。有没有生起正见，是我们能不能走向修行之道，成为道上行者的一个核心、根本要素。

什么是正见？正见可以说是在人生当中树立的一个中心思想，一个一以贯之的世界观和人生观。有了这样一个中心思想，我们的人生也许还有散乱，也许还有昏沉，也许还有问题，但是这个中心思想会成为我们人生当中一个可靠的支点，依靠它可以解决人生所有的问题。

你听闻佛法，接触善知识，听导师讲法，研究探索经典，就是要通过这些方法去得到正见。如果你没得正见，天天去拜师，靠别人也是靠不住的。你拜了十个导师，没有一个导师给你讲清正见，你还是不知道正见是什么，这就没有上路了。所以说修行有没有上路，不是看你拜了多少个导师，见了多少名声很大的上师，而是看你有没有真正得到修行的正见。有了正见的指导，后边的路就好走了，就不会走错方向。

所以我们这两天的课，其中一个核心的目标就是试图帮助大家树立正见，但是这个正见是要你自己通过闻思从心里生起，不是靠我灌输给你。我讲的这一切是帮助你、提醒你，你自己回去还要做“正思维”，通过你心灵深处的领悟，有了自觉的理解，真正明白了，变成你自己的东西。那不是我能给你的东西，要是我能给的东西，我可以直接交给你，但那样其实还是我的东西，没有经过你的心，没有变成你自己的领悟，那不算得到正见。

我们一开始讲到这两天的课程有两个核心目标：第一是为树立正见，在理论上对修行的路线图有一个清楚的了解；第二是在实践上帮助大家找到自己的“拐杖”，找到一生当中能够用得上的、可以依赖的实修法门。

有了这两个东西，你的人生之路就是光明的，就是坦荡的。正见保证你正确的方向、正确的方法，终身行之，可以保证你不断地前行。如果你有了正确的方向，但你一直在原地踏步，你不走，不去行动，不去实践，那永远达不到目标，到不了目的地。所以这两个方面一配合，虽然每个人的进度还是有快有慢，有的走得快一点，有的慢一点，但我们都是走在正确的方向上，都是在不断地往前移动，这个修行路子就正确了。如果方向错误，你很精进，但是你背道而驰、南辕北辙，这就不行了；方向正确了，你停止不前，不精进，不去修，很会讲道理，这也没有用，你还是走不了。

大家在这两天的课程当中，要试图在自己心中真正确定一个坚定不移的中心思想，修法的一个正确的见地，找到适合你的一种实践方法，不断地实践。

当然，在佛教里边讲正见的时候，还有不同层次的正见，不同阶段的正见，将来在佛教的课程里边，我们会详细讲。比如什么是中观见？什么是唯识见？什么是人无我见？什么是法无我见？什么是大手印见？什么是大圆满见？什么是禅宗的无见之见？什么是见道位的见？……

这个“见”还有不同的层次，虽然都是“正”的，但“正”里边还有不同层次的差别。就像罗汉、菩萨都是走在成佛的道路上，但却有四果罗汉、十地菩萨的区别，这里的理解层次还是不一样的。不同宗派的见地也还有微细的差别，这个差别不是正确和错误的差别，而是在修行的不同的阶段所看到的不同的风光。

现在我们简单讲一下修行的正见到底是什么。我们讲两个方面，一个叫空性智慧，一个叫缘起大悲。

首先，我们修行应该走智慧的道路。智慧是什么？智慧是要了悟空性。智慧是清醒，智慧是觉知；智慧是从昏沉和散乱中走出来；智慧是看见事物本来的样子，而不加以人为的增减；智慧是看见诸法实相。

诸法实相是什么呢？是“缘起性空”。宇宙间万事万物都是缘起法，都是众缘组合而成的，而组成万物的任何一个“缘”本身还是一个缘起，如是缘缘无尽……一直追问下去，没有一个独立不变的、不跟外缘相关的一个独立的“缘”存在，缘起的诸法没有独立不变的“自性”或“自体”，其本性是“空”的，故曰缘起性空。

这个缘到底是什么意思呢？各种各样的条件、各种各样的因素都是缘，从物质到精神，整个世界、整个宇宙，无论哪个层次的世界都是缘起性空的。如果有一法不是性空的，不是缘起的，它是自己有独立自性的，那整个世界就不能存在，不能变化，不能发展，因为它是独立不变的，就不能跟外边有任何关系，不能跟别的东西发生相互作用，这就意味着整个世界都不能变化，因为只要其他的事物在变化，就会影响到这个独立的“法”，所以这样独立不变的东西是不可能存在的。

佛教讲缘起性空，其实道教也讲，只不过用的不是一样的概念。道教讲万事万物都是在整个道的演化过程当中互生互化，没有自己的独立自我，没有一个事物不是在“化”当中，这个“化”字就表达了没有独立不变的一个东西。但是在现象上，我们常常看到一个不变的事物，这是人的一个错觉。

比如我们现在看这个杯子：杯子没变化，一直就在啊！这是因为我们肉眼的观察看不出它的变化，但幸亏我们有现代的物理学、现代的科学，我们很清楚地知道这个杯子绝对是每时每刻都在变化的，我们甚至可以说根本没有一个叫作“杯子”的东西可以拿出来。什么是这个杯子的本体？什么是这个杯子的存在？我们可以追问，这个杯子到底是什么？是我们看到的形状吗？形状能代表这个杯子吗？是这个装水的功能代表这个杯子吗？这个杯子有它的结构，有它的组成，由很多的要素、零件暂时形成这个杯子的现状和功能，但它每时每刻都在变化，我们找不到一个可以叫作“杯子”的不变的实体。

当我们讲空的时候，境界不高的人，要把杯子摔了以后，才说这个杯子是无常的啊！是空的啊！在菩萨的法眼看来，这个杯子早已经空掉了，不需要我们去摔它。不需要等到看见花开花落、春夏秋冬整个生灭的过程我们才知道无常。对常人来说，我们用这个方法来解释一下无常：你看万物都有生老病死的过程，这就是无常。但是从“法眼”来看，每个事物生起的当下也就同时消失了。彻底地说，诸法本不生，从来就没有生起过！从来没有一个法真正生起过，这个法本身就是在变化过程中的，它当生即灭。从来就没有生起过这么一个杯子，没有一个真实不变的杯子存在过，存在的是我们心中对它的一个概念。

这是比较高的了解。一开始我们还解释，把一个东西摔破了，花开了花谢了，这个是无常。实际上花开的当下就是无常了，从来就没有一朵真正的鲜花出现过，出现的是我们心中对这个鲜花的一个印象、一个概念，我们把它抓住了，变成了一个不变的东西。

这个如果不理解，暂时也可以不管它。我们的意思是什么呢？就是在现象上，在普通人的感觉上，我们看到了不同的世界、不同的变化，但我们不知道事物本质上就不曾真正地存在过。也正因为如此，我们根本的无明产生了：我们想牢牢地抓住某些东西，我们放不下，我们想永久地占有一样东西。这是人的无明：我们想占有它，永远把它抓在手里。

在我的博客中有一篇“存在与拥有”的文章就谈到，所抓的这个东西是无常的，是抓不住的，问题是谁在抓这个东西？能抓的这个东西本身也是不存在的、无常的，不是一个固定的存在。你这个人本身都是无常的，你怎么能抓住别的也是无常的东西？能抓的人是空的，所抓的东西是空的，能所都是空的。可是在无明这个系统当中呢，我们是要建立千秋万代永久的功绩，永久地占有我们想要的一切，好像要天长地久、永远不变，这就制造了跟诸法实相不相应的一种新的认识，因此导致了无穷无尽的烦恼和迷执。

觉悟者看见了诸法的实相，看见了万法本不生、本不灭，本来如此，诸法如如，这就得到了金刚不动心，这就是《金刚经》上讲的如金刚一般的能断烦恼的大智慧。这不是小智慧，小智慧是一件一件地解决问题，大智慧是彻底了悟整个世界本不可得、本不可抓。不光这个世界不可得，人也不可得，心也不可得，法也不可得。

我们的心在哪里？昨天参“我是谁”时你找到了吗？没有一个真正不变的“我”存在于某个地方。你说我这样一个形象是我吗？这只是我暂时的一个示现，你往里边看，你用法眼看我的时候，我是空啊！我现在发出的声音也是空，说完了这个话就没有了。

这是我们讲的正见的第一个方面，对智慧的了解，对空性的了解。讲到万法皆空，已经有些人害怕了！现在我们开始讲第二个方面，破除你的恐惧见、断见。正见的第二个大的方面、大的方向叫“缘起大悲”，是对“缘起一体”的了悟，对慈悲的了悟。

我们刚才讲了诸法性空这一方面，但是不要忘掉，在缘起的诸法里边，没有一法真正地生起过，它不生不灭，但不等于没有诸法，诸法实体不可得，但不是没有诸法。诸法没有固定的实体，但是缘起的变化、缘起的存在、缘起的现象，是真实不虚的！这是诸法缘起的一方面。

刚才我说你只需要往里边看万法都是空的，但如果由此生“断灭见”，以为戈老师是空的，不要管他，拿刀也可以砍他，那完了，走入另外一个极端了。我这个肉体的存在，作为一个缘起的现象是真实不虚的，它是一个存在，而且我这样的存在跟所有的存在都是通过缘起关系互通为一体的，缘起的事物是相关相联、相统一的。正因为我没有一个固定不变的自体，我不抓住一个固定的自我，所以我才跟所有的人、所有的万法相关相联，融成一片。

这就是一种法眼。我们一般的人看事物是一个个的，在佛菩萨的眼里看来众生是一体的，是相通不二的。也就是说在波浪的形式上看来是有一个一个的波浪，但是每一个波浪都连着那个大海，与大海融为一体，法界一体。

从反面的角度讲空性无我，从正面的角度讲缘起一体，这两者是相辅相成的一体两面。从一体的角度来讲我们就破除了自我中心，而产生了对万事万物的一种相通相联的感觉，这就是爱，这就是慈悲。由此我们才能讲去掉自私，才能讲无私的服务，才能讲奉献、讲慈悲、讲爱心。

因为了解了空性，我们放下了一切执着；因为了解了慈悲，我们承担一切，我们要救度众生，帮助这个世界走向更美好。这两个方面一平衡，你这个修行的路就正了。

如果你偏空就有可能消极，什么都不在乎了，什么都无所谓了，这种空就容易走偏了，没有看到空的另一面就是相关，就是一体。有一部分人就偏于修慈悲这方面，做好事过多，天天烦恼不断，在计较，有我执，看不清，放不下，成为世间的好人，这不是真慈悲。世间的好人不是真正修行的人，只能成为普通的善人，但是我们修行不光是做个好人，还要做个智慧的人！做好人好事的同时要有智慧，这样才是修行，才有功德。

所以金刚经讲“无住布施”，布施是做好事，但是在布施的过程中如果你有人我执，认为你做了好事，你积了功德，你帮助别人还希望人家回报，你有种种的妄想，那你这个布施就大打折扣了，没有太大意义。当你无住，清醒觉知，能够放下，不执着，这个就是“布施波罗蜜”，就能够得智慧，就能够到彼岸，就能够得解脱。

我们讲了正见的重要性。正见的两个主要方面把握住，我们就知道修行的道路一个是破执放下，悟空性解脱自己；一个是了悟一体大悲，有慈悲有爱心，利益众生，积极地为社会服务，做你该做的工作。这样就是一个菩萨行者，走在菩萨道上。

反过来我们可以用这两面镜子去照一下我们修行人，你就能知道他有没有得到真正的正见，他是什么样的见地。仅仅讲空性的见地就偏于小乘了，大乘的见地一定是悲智双运、福慧双修，这就是修行的道路。以慈悲心行善做好事，承当一切，这就是修福报；能清醒觉知、证空破执，放下一切，这就是修智慧。福慧双修、悲智双运，行菩萨道，这就是我们真正的见地。

对这个世界的了解既不偏空也不偏有，得其中道，彻底了解缘起与性空的“不一不二”，缘起就是性空，性空就是缘起，没有一个缘起法不是性空的，也没有一个性空的法不是缘起的。没有一个独立的空性存在于一个地方，空性就是体现为缘起的，恰恰是由缘起我们才讲性空，这个智慧就是佛教里面“中观”的智慧，也是最核心的智慧。

19 行禅的时候念“阿弥陀佛”

今天的行禅我们换一个修法：我们在行禅的时候念“阿弥陀佛”，一边走路一边念佛。我先简单地讲一下“阿弥陀佛”的意义。

我现在不是讲宗教或者让大家信什么教，我讲的是体验生命内在奥秘的方法。念阿弥陀佛不是迷信，这里边是有内在的科学原理的。阿弥陀佛的意思是无量寿、无量光。无量寿是无量的时间，无量光是无量的空间，阿弥陀佛就是法界的性体，也是我们自性的本体，这两者是不二的。所以我们讲“唯心净土”、“自性弥陀”，念阿弥陀佛也是唤醒我们内在的本体，阿弥陀佛不在我们的心外，它跟我们的心是相通的。

念阿弥陀佛本身就是修定修慧：把思想集中在一句佛号上面，一心念佛，这是修定；了解阿弥陀佛的意义，念念无住，回归性体，就可以开启智慧。同时在你念阿弥陀佛的过程当中，你就是用智慧的系统来转化自己的无明系统，就是在转化，在消业。

阿弥陀佛简单的这四个字，一句佛号，但它是“甚深法门”，是非常高深的；同时它又是很浅的法，三根普被。每一个人不管有没有修行，有没有功夫，功夫到什么程度，都可以念，老头儿老太太也能念；你修得很好的时候照样可以念。同样是念佛，有不同的境界。

念佛的要诀就是“都摄六根，净念相继”，就像缝衣服一样，一字一字、一句一句地压着念，烦恼杂念就不生起。阿字之后就是弥字，一个字一个字地接着，中间不允许走作，生其他杂念，要一心一意地念。

啪！（一声禅杖敲下）……停在当下，看当下是什么？在任何一瞬间，只要我们想起，都可以保留在这个清醒而无杂念的状态，把这个状态记住，随时可以“回忆”起来。

平常的心念从来没有断过，一直在喋喋不休；现在通过某种方便，啪的一声，我们的心念在某一个瞬间，妄念断掉，就停留在当下。保留那种一念不生、万法如如的状态，如其本来地存在，不增加不减少，不判断不选择。这一刻多么宁静！全然存在于当下的这一刻，就是你生命中最重要的时刻，我们找到了这个敲门砖，就可以随时进入内在灵性的空间。

20　走在修行的道路上

对我们修行人来说，第一步最重要的是要有正见，来指引我们向正确的道路前进。在掌握正见的过程中，我们就要去学习、去参访。在这过程中呢，我们有两种不同的学习态度：一种是研究佛学、研究道学的学习方法；一种是学道、学佛的学习方法。这两种方法不是完全互相排斥、互相矛盾的，但还是有所不同的。

你们可以看到，在学校有很多人研究佛学、道学，专家学者很多。他们不断地深入研究，查找大量文献，成为道学专家、道学大师。但是这个道学的专家、大师他不去学道，他只是在知识的层面去了解和研究，关于文本、关于历史、关于思想，得出了很多研究成果。

而一些真正求道的人、学佛的人，他并不是去了解关于整个道学的历史与文献，而是要直面那个道的存在性的真理，获得道的体验。他不是通过那种哲学的分析、归纳与总结而得到一个个结论，他只是运用道学的成果来指导自己修炼，来找到自己心灵的问题，来找到治疗心灵疾病的方法，来恢复心灵的健康。真正的修道、学道是生命的一种意义治疗，让我们重返生命的那个美好家园，这与道学的那种玄想与哲学分析是不一样的。

当我们去观察的时候就可以看到：基督教有神学大师，他研究神学的著作有那么厚；道家有道学大师；佛家有佛学大师……但问题是，道学也好，佛学也好，神学也好，这些宗教性的学问本身是关于人生体验、关于生命智慧的一种学问，它跟关于外在世界的知识是不一样的。仅仅通过这种道学的研究、佛学的研究或神学的研究，不去操练，不去实践，不去体验的话，是得不到道的真理的。

我们看某某道学大师的研究成果，他对我们学道的人不一定管用，因为他自己也是一个凡人，他也有很多的问题，他知识很丰富，但是人生的基本问题没有解决。学道的人不仅仅是体验，他也要去研究道学，不过他研究的方式跟一般的哲学研究是不一样的。

我们学道的人去研究道学（佛学）是什么样子呢？是知行合一的研究方法。我们读经，读圣贤的教导，是要跟我们的实践相应，是跟他们学习，学习修炼的方法，学习修炼的原理，通过我们自己的实践去跟经典相印证。等你到了一定的阶段，你有了一定的体验再看，哦，明白了！你就能跟圣贤相应了。

你读《心经》，你先把它背熟，先了解心经的各种解说，先在知识层面上、在佛学层面上去了解它，这是学习的第一步。但如果停留在这一步，就会懂得很多概念，就会讲很多道理，但光这样没有用，还要去体验，用心去修行，等到你开启智慧，跟它相应，你就知道它到底讲的是什么，这才是真正的了解。

学道的人不反对道学研究，他也可以去研究，但他一定要提升这种研究的品质，要把知识提升为智慧，佛学的概念就叫作“转识成智”。

我们讲正见的时候也要防止两种片面的态度：

一种是为了得正见，我们就拼命地一辈子看《大藏经》，看无数的经典，一辈子去研究，钻进里边出不来了。其实你再怎么研究也不一定得正见，你只能得到正见的各种概念，得到正见的各种说法，你甚至可以背诵正见是什么，把我们所讲的全部背下来，这还是表面的正见。这是一种偏见，完全偏在理论的学习探索上。在修行界一看就知道有一部分这样的人，很喜欢看书，喜欢研究，一见面就跟你滔滔不绝地谈论，但你看他内心里没有真正地相应过，这是偏在道学理论研究上面了。

第二种偏呢，就是否定所有的学习和研究，以为读书没用，逻辑、理论等什么都没用，我们直接来修炼。正见也不是你能炼出来的，光炼也不行，要防止这种极端性的路径。

我们的目的是了解圣贤，了解经典，同时我们还要去体验，要把圣贤的教导落实到我们的生命中来，用我们生命的体验去了解圣贤的教导到底是什么意思。这样两条腿走路，知行并进，解行相应，这是我们正确的方向，也是我们得正见的方向。这也是我们整个观虚斋教学所有的课程所要贯穿的根本宗风。

就像我们这两天，整个课程中我没有说直接教你打坐，怎么用功，用什么方法一天到晚打坐、练功，不是这种纯粹实践的路子；我也没有一天到晚全在讲理论。我们有一些理论的教授，我们也有实践的活动，在实践当中你可以更好地体验我讲的东西，而我讲的东西又可以帮助你更好地去实践。我不是讲纯粹的空理论，这个理论和实践是有关的，是围绕着实践来讲理论，让理论来指导实践。

这样你这个方向就是安全的、可靠的，就不会走歪、走偏。

对一般的人来说，要掌握正见就要发愿心，要追寻修道的道路。为什么要追求正见？在得正见之前还有步骤，怎么去走向追寻正见的道路？

我们说一个人能够入道，能够走在修行的道路上，基本上有两种因缘：

第一种，因为某个机缘，在某个情况下，我们对那个超越的灵性的空间、那个存在、那种生活的新品质有了某种短暂的或一刹那的"瞥见"，有了某种品尝、品味。其实每个人在他的生命当中，都会有灵性偶尔被唤醒的那个瞬间、那个刹那；每个人都曾经意识到，我们的生活不仅仅是眼下这个样子，还有更高的空间、更多的发展的可能性。他隐约地意识到我们有个更大的发展的可能性，我们除了世间的生活以外，生命还有新的东西，他对那个东西好像有某种瞥见、某种感受、某种品尝，甚至这个体验会帮助他不断地去追问，去走向奥秘之途，这是一个正向的走向道的途径。

第二种情况，当一个人在生活当中，出现了某种苦难，某种危机，某种无法忍受的黑暗，某种不可忍受的无聊……生活中的某种状态使他觉得生活没有什么意义，对生命产生了迷茫，好像被困住了。生活真的是一个接一个的苦难，一个接一个的黑暗，没有光明没有意义，他对生命产生了很大的困惑。他不安于现状，他也不能被简单的世间的成功所满足，虽然他还不知道到底有什么样的维度，有什么更高的存在，但他至少对眼下的状态是不满足的。这样他就要追寻新的维度，这种人也会慢慢地往道上靠近。

不管是前一种人还是后一种人，他们要真正走向“道路”，他要接触这种灵性的教学，了解宗教性的奥秘的知识，或者接触已经在道路上发展到一定成就的导师。能接触到道上的“明白人”，能读到灵性方面的书，这都是一个机会。不是每一个人都有机会进入灵性的道路，得有这样的机缘才行。对生活不满或者对灵性的奥秘有体验，接触了奥秘知识、接触了导师的人，就能走到道路上来。

你们在座的各位，能够走向这个道路是因为已经具备了前边所讲的机会，至于你能走多远，怎么走，就看你发的愿心。要寻找正见，走上你生命中真正的灵性的道路。

我们讲在修道的路上需要明师的指点，那什么是真正的明师？现在社会上的活佛、上师一大堆，很多人无所适从，我们不知道明师到底是怎么一回事。所以我们现在要对明师的境界做一个解剖，做一个展示。

明师有三层境界，相应于上、中、下三个层次：

最低程度的明师具备完整的“正见”。他的正见是非常完整的，是没有问题的，他的见地是非常纯正的，在理论上学到家了。这种明师就可以帮助一般的人走上道路，在理论上指导你、引导你，把你拉入佛门也好、道门也好，引导你走入修行之路。他具备这样的条件，他可以在这个层次上作为一个老师——这种老师我们把他称为“因位”的明师。因位的明师具备完整的正见，最标准的得正见的证量就是达到了“见道位”，他对“道”已经有了明白无误的体验了。

第二层次的明师是什么？是“道位”的明师。这种明师除了具备完整的正见以外，还要有“正受”，在他修行的过程当中，他所有的体验觉受都符合正法，都是走在正道上的。这种明师，他除了指导你、帮助你确立正见以外，还能指引你正确地认识，在修行的道路上找到真正的体验。

再上一层的明师叫“果位”的明师。这个层次的明师不仅仅有正见、正受，他还有“正觉”，他是成道的，是果位上的圣人，这是最彻底的真正的明师。

如果你的生命中能找到第三层的果位的明师，那你福报就不浅了，你可以啥都不要，你跟着这样的明师，修道进展就非常快，就非常有把握了。如果没有这样的明师，你能找到道位上的明师也挺好，也足够指引你了。再不行，你找到因位的具备正见的明师，在思想上、理论上帮助你也没有问题。

除此之外，那些打着上师、师父的旗号的人，他们不具备正见，更谈不上正受，没有正觉，他们只是冒充上师，而不能够指引你。这样的人自己就是有问题的人，他所以要冒充上师，是为了他自己的需要，为了他自己的欲望。要防止这样的师父。弄了半天他是为了掏你的东西，然后不断地用话来吓唬你，来蒙你、忽悠你，然后让你跟着他而不敢出来。“你不能离开我，离开我你会下地狱的，我已经把你放在某个位置了”，这样把你的心灵控制了。有这样的邪师：他给你洗脑控制你，跟你说你有灾难，我用神通帮你看看。那怎么办？供养吧！我来给你做场法事吧，帮你消业吧！只要是进入这种邪师的圈子里，对我们的生命就是一种很大的困扰。

没有师父指导，我们的修行会走弯路，会有问题；但是你跟错了，跟上一个“非师”，那还不如没有师父，以免他带你走冤枉路，带你翻到阴沟里去。没有确立正见之前，在确立正见的过程中要找到明师，在明师的指引下得了正见，你自己就不再被那些邪师所引导，因为你有正见，你可以观察他讲的是什么道理。教你去唯利是图，发家致富，怎么满足自我，这肯定不是我们道上的人。

21 游览一下修道的大观园

下边我们要讲一个重要的主题，对所有修道、静心的方法从不同的角度做一个综合的分类介绍。这个分类也很重要，给大家一个宏观的鸟瞰，先让你坐飞机从上边看一下，修道到底有哪些种类？因为练功的方法是多种多样的，我们现在做一个分类，你就可以来一次旅游，去游览一下修道的大观园。

当我们对任何一个主题进行分类的时候，我们先要了解任何分类都要依据一定的标准，要按照某个标准来分类，不能把不同的标准名下的分类列在一块，那就不成其为分类了。对静心的方法进行分类，它不是只有一种分类方法，它有好多种分类方法。

我们先讲第一种分类的方法，把所有修道、静心的方法分成两大类：第一类叫“人格化的静心”；第二类叫“非人格化的静心”。我们这个分类科学不科学、合理不合理？这个分类有没有广大的涵盖性？有没有明确的标准？现在我们这样以人格和非人格来分类，它有明确的标准和广大的涵盖性，能把所有的静心类型都放进去，就是这两大类。

所谓的人格化静心，就是在我们静心的过程中，跟某种理想的人格相关联，核心的原理就是“三密相应”：

——比如密宗里边讲的“上师相应法”，就是一种人格化的静心，让自己的身口意三业与上师的身口意相应。就好像一个画家，他不断地画一个上师的形象，他观想着上师的形象，念诵上师的咒语，观想上师的境界，这样天天相应，就把上师的那个系统内化成他自己的系统，把自身提升到了上师的境界，这是一种修炼的方法。

——观想本尊也是这样。观本尊菩萨，念菩萨的咒，观想菩萨的形象，进入菩萨那种心灵状态，把自己提升为本尊或者让本尊融入你。一种是佛菩萨进入你当中，把你自己给取代了；一种是你上去，进入上师的心中，进入他了，把自己也取消了。

——在别的宗教里边，比如基督教，祈祷上帝也是一种人格化的修炼。上帝代表无限的状态，我把自己皈依上帝，呼唤上帝，向上帝祈祷，表面上是祈祷上帝加持我，实际上是跟上帝的境界相应，把自己融入无限。

凡是与上帝、与佛祖、与大师等理想人格有关的观想或静心的方法，我们都把它叫作人格化的静心。人格化的静心有一个比较好的优势就是它具有情感，不是冷冰冰的。人格化的静心有助于心脑的整合，有助于调整你的情绪和情感，能够焕发出积极的情感状态。

有一部分女性修炼者比较容易与这种人格化的静心相应。女性更具备情感色彩，观想一个理想人格的时候更容易投入。基督教秘传的修炼里边，有一些修女天天与上帝相应，上帝成了她们的"爱人"，她们就完全可以与上帝谈恋爱，这样也能满足她们所有情感和身体的需求。当然这种静心对她们的情感状态的影响也有两面性，从积极的方面来说，可以调整她们进入健康的良好的情感状态，但是如果没把握好，就可能变成了一种人间的世俗情感，为情所困，就妨碍了解脱。那也是它的一个弊端，所以好事坏事总是连在一块儿的，看你怎么把握。

第二类叫非人格化的静心，非人格化静心是跟人格没有关系的静心。比如说我们悟道、观空、观心、观天空、观星辰、观大地、观高山大海、观自然界的景象等等；或者我们用道家的无为法进入无为，进入虚空，什么也不做，什么也不想，安于当下。诸如此类，这些静心跟任何的人格都没有关系，不带情感色彩，它是回归自然、回归自性、回归空无这样一种静心方式。这种方式比较适合于理性比较强的人，是走智慧型的路线，不像人格化静心那样带有情感色彩。

第二种分类方式，我们把所有的修道分成两种：一种叫"正向的静心"，一种叫"负向的静心"。

什么是正向的静心？这种静心方式是把我们静心的对象朝着正面的方向引进，与静心所要达到的目标"挂钩"。比如正向静心可以说：我就是佛，我就是道，我就是那个无限，把自己与道的品质去挂钩，去相应，乃至去相等，显现我们的佛性，显现我们的自性，这是正向的静心。

负向的静心则是把我们的静心与阻止我们进入觉性的那些负面的因素“脱钩”。这个时候可以说：我不是我的身体，我不是我的情绪，我也不是我的思想、我的头脑，我什么都不是，用负向的方法把这些全部否定，破执之后剩下的是什么？

正向的静心和负向的静心用佛教的术语来说，一个是“破相”，一个是“显性”。负向的静心是破相，破一切执着相；正向的静心是显性，显现你的佛性、空性、本性。这两者是相辅相成的：否定到了极点就归零了，什么都不是，其实在零之中也是一个无限，极小等于极大；显性是直接与道相应，当你真正证入空性的时候，其实是与道合一了。

正向的静心可以说“一切都是”，这是正向的圆满；负向的静心可以说“一切皆非”，我什么都不是。说什么都不是的时候，是破除自我、凡夫那个层面的东西；说一切皆是的时候，是呈现真我，呈现自性，呈现万法如如的实相。这是我们讲的第二种分类方式。

我们还可以把静心的方法分为“止”与“观”两大类。是修止还是修观？修止是为了入定，修观是为了开慧，止、观是从“因”上来讲，定、慧是从“果”上来讲，止、观这两种方法也就是修定和修慧的不同。

比如观呼吸时只观呼吸不管别的，这是修止的方法，目的是把我的心念集中于一个“所缘”，集中到一个点上来入定。什么是定？佛教里有一个定义，定就是“心一境性”，我们的心灵状态达到了专一的境界就是定。至于专一到什么地方，用什么方法来专一，这个可以有千百种之多，所以修定有各种各样的方法，但目的是达到专一，达到心一境性。一心念佛就定在佛号上，念佛而入定了；观呼吸时意识全部放在呼吸上面入定了。只要达到了心一境性，就是定。

还有很多修定的方法。你甚至可以在眼前放个小球，就盯着那个小球看，一念不生只看那个小球，达到了心一境性，也入定了。生活中一个人有可能不经意之间，他自己也在修定了，但他不知道。像以前的农村老太太缝衣服的时候很专心，其实有时候是在入"缝衣定"：什么念头也没有，一直在专心缝衣服。所以以前禅宗里头，有些修行方法就是师父专门带徒弟，通过某种手工劳动来修行。比如说这个师父是个鞋匠，他带徒弟怎么修行呢？就是通过修鞋子来入定，来传授他怎么在修鞋子中入定，通过手工操作，专心致志地做一件事情来入定。

也许这个师父是做另外一个手工行业的，他就通过具体的手工劳动来传递这个修炼的法门，在生活当中你看不出来。我们看过金庸小说里的描写，最高的武功大师是一个扫地的老头，这是有可能的。他修炼这个"扫地功"达到专一之境，神气合一，与扫帚合一，与宇宙合一，那不是高功夫吗？

知道这个原理之后，我们在生活里可以灵活应用。我们的目的是要达到一种专一的境界，至于怎么修、修什么，具体方法有很多。我们自己可以创造方法，各种修炼方法都不是天生的、先验地存在的，也都是前人总结的。就像我刚才讲太极拳一样，太极拳为什么一定有这几个动作呢？谁规定的？那也是前辈们练功的经验总结，传给我们入门用的，但不是说太极拳的动作就一定要这样。到一定境界的时候，你会说我为什么不能创造自己的太极拳？他有“三丰太极拳”，我可以有“观虚太极拳”啊！你知道太极拳的原理了，从道理上说就可以自己创造。当然，学习前人的经验结晶是很重要的，你不用自己摸索很长的时间还不得要领。太极拳的核心是什么？神形相守，身心合一，动作柔和缓慢，都是那么轻飘飘的，不像是打拳，倒像是舞蹈一样。动作这样转那样转不是关键，关键是转的时候有没有感觉、有没有意识？

可以试一下什么是有意识地运动。像我这样轻飘飘地转动我的手，而我的人在想别的，这样转这个手就是死的了。当我们触摸的时候、碰触的时候，当我的手放在你头上，而我想的是别的东西，我的人不在这个手上，你会感觉我的手不过是一个重量，和一块石头差不多；然后我把意念放在手上，在你头上一放，你感觉一下，那完全不一样了。体验一下我们身心的关系，我们的心到底在什么地方？

同样是按摩治病，有的人是把按摩当职业，他很烦恼，他不想干这个，他按摩的时候心里想着家里的事，心不在焉，这样的人给你按摩是享受吗？你会不想要被他按摩。最好的按摩是他专一地、用心地为你按摩，他按摩是在一种功态中，是身心合一的，带着爱，这个时候你的感觉就完全不一样，他能帮助你疏通经络。所以按摩的人应该学静心，这样他能自己快乐，被按摩的人也快乐。如果你在应付别人，别人不高兴，你自己也不高兴。

修止的目的就是让心专一，定在一个地方，具体有很多方法。修观的目的就不一样了，修观的目的不是要达到心的那种统一状态不动，修观是要得智慧。观也有很多种，怎么观？观什么？我们可以把观分成两大类：一种我们把它叫作“观照”，观照也不是保持心一境性，不是心不动，观照是有意识、有觉知，对任何事情，心都是有意识、有觉知的，至于观照什么，内容可以变化，但是观照的心意一直都在，培养这种觉性。第二种观叫作“观想”，就是有意识、有觉知的一种思考状态。我们平常的思考为什么会变成烦恼、变成杂念？就是因为它是无意识的，而观想是按照一定的路线去主动地观想，从而达到某种特定的目的。

观想的方法有很多种，包括正思维也是一种观。比如我们刚才讲的这些道理，这些空性的道理，你如果不明白，可以在打坐的时候，静静地观想这个道理。缘起性空是怎么回事？这样主动地想，把它想明白，想清楚，这也是一种观，想清楚了你就得正见、得智慧。还有一种观想是观想身体里面有一团光明沿着中脉流动，这也是一种观。既然是你观想的光明在动，肯定与事实上的光明在动不同了，这就是一种观了。再比如你可以观想自己站在鲜花丛中，周围阳光普照，这样观想出一种境界来，主动去观想，这个时候的观想也叫冥想。包括我们昨天讲的回观生命的原始状态，返溯生命的先天境界，这也是一种观想。一直往前观，观想到我们在婴儿时的状态，观想宇宙的原始状态，也是这样不断地观想。观想上师，与上师相应也是一种观想。观想佛境，净土宗的“十六观”，也是一种观。总之，观想的方法也是多种多样的。

观的原理是什么呢？通过“观”在意识状态上创造一种境界，在这个境界中你得到相应，得到加持；通过观想某个道理，“如理思维”，可以开发正见。正见不是通过简单的读书学习就可以得到的，而是通过观想，你去正观，把一个道理观清楚了，这个才变成正见了。我们掌握了这个原理以后，其实我们对很多方法都可以自由地运用。道家里边有很多采日精月华、采天地之精华的功法，这纯粹是一种观想，通过意念的运动让人和宇宙之间进行一种能量的沟通和交换。这是讲止和观，我们现在是把很多方法做了一个概述，不是讲得特别细。

下面一种分类是把所有的静心方法分成“有为法”和“无为法”，这是道家、道教的分类法。当我们修止、修观，只要有一个方法，都是有为法。有为法可以说有步骤、有方法，怎么让你一步一步来，这是有为法。有为法是可以教、可以传授的，对刚开始修道的人来说他只能修有为法，你直接讲最高深的他不懂。无为法就相当于是一个果位的高级的方法，它没有任何的动作，没有任何的可操作性的步骤，相当于是一种“顿悟”的法门，没有方法，直接相应。

有为法和无为法之间的关系，它应该是从有为到无为。有为法虽不能直接带你到无为法，但有为法会帮助你领悟那个无为法。有为法能帮助你消业，破除你的执着与业障；无为法是开显你的本性。但是我们今天的实修部分恰恰要给大家讲一个无为法，这个时候无为法本身变成了一个方法，这是怎么回事呢？其实有为与无为是相对的，在一个层次是无为，相对于更高的层次它就变成了有为。最彻底的无为就是证悟，根本就超越了任何有为法。在我们今天实修的时候，我会讲一个无为的心法，就是说无为法作为一个境界，作为一个显现，是没有方法的，但在我们没有领悟无为法的时候，我们可以采取某种方便来修证那个无为，这个在本质上还不是真正的无为法，但与一般的有为法也不同。

再下面的一种分类方法，我们把所有的修炼分成“性功”和“命功”，这种分类方法还是从道教里来的。命功是关于我们的身体、气脉方面的修持，就是我们所讲生命的四层结构里边前两层“物质结构”和“能量结构”的修炼；四层结构后两层结构的修炼就是性功，修炼你的精神，一直到你的本性与本体结构，这是性功的部分。性功和命功也是相辅相成的，相互关联的，所以我们讲“性命双修”，要把这两者结合起来。

还有一种分类方法，我们把所有的修炼方法分为“静功”和“动功”，这是从外形来分类的。走路行禅这是动功，静坐不动这是静功。但这个分类不是基于我们内在的世界，内在的世界比如在静坐的时候其实有它的“动”，内在有很多动，越静的时候，气脉、能量的变化就动得越快越强。所以这个动、静是一个相对的概念，在这个形体的静之中有更大的动，有更高层的动；而我们在形体的动作当中可以达到一种心灵的宁静，是可以入静的。我们要动静结合，动静一如。不管是动功、静功，有为法、无为法，它们都是相对的分类方法，不是绝对的，最终要达到两者的统一。

还有一种分类方法，我们可以把所有的静心方法分成三大类：“主体的静心”、“客体的静心”和“主客体的静心”，这样的分类也有涵盖性，能把所有的静心类型概括进去——我们修炼的方法就这三大类。

第一类，主体的静心，跟我们主体有关，不关注任何客体，跟客体没有关联，这种方法主要是观心，是我们心灵自身主体性的修炼，不关注外面的世界，也不关注别的什么，就是主体自身的静心。

第二类，客体的静心，是把我们的主体精神放在某个客体上面，借助某个客体来练功，比如我们观想一个小球在我们眼前，用这个方法来入定就是借助小球这个客体来练功。我们观想外边某个境界，观想无云的晴空，观想无限的海洋，把这个作为静心的方法，用这样一个客体的方式来唤醒主体的觉性。

第三类，主客体的静心，这种静心是主客体相联结，不是纯粹关注哪个客体，也不是纯粹关注主体。比如我们昨天讲的身心合一，这个身体有时成了我们关注的客体，但是我们身心要合一，连在一块。我们要修炼天人合一，把整个人融化到宇宙当中去，这也是主客体相联结的一个静心。

相类似的还有一种分类方法，就是把所有的静心方法分为“观心法”、“观色法”和“观息法”。观心法有点像主体的静心，观色法有点像客体的静心，观息法有点像主客体的静心。我们观想的对象一共三大类：一种观外在世界，观色法；一种观内在世界，观心法；一种观息法，观呼吸是放在中间的，呼吸是联系主客体的桥梁，连接身心的桥梁，所以观息法很重要，是修定当中一个很重要的法门。

最后一种分类的方法，我们可以把所有静心的功夫分为两大类：一类是“专门静心”，一类是“生活中的静心”。我们每天拿出几个小时来修炼，这是专门静心；我们去闭关专修，也是专门静心。真正的修行一定不是只在某个特定的时间修行，也不是限制在某个特定的地方才能修行，它一定要融入生活，所以我们要在生活中静心。生活中静心一定要掌握法门，这样整个静心才会打成一片，才会与生活相融合。在天台宗里边把这两种静心分别叫作“座中修”和“历缘对境修”，历缘对境修讲的就是生活中的修行，座中修讲的是专门修行。

从整个修炼的过程来看，我们可以把整个修行分成“前行”、“加行”、“正行”和“结行”这几个阶段。正修之前有个前面的准备阶段，有加行阶段，有正式修行的阶段，还有个结行的阶段。我们昨天讲的收功就是个结行，把修炼的成果加以总结与提炼。在结行中除了讲这个收功以外，其实还应该有一个“回向”的环节，把我们修炼的功德回向给众生。一方面要收回来，一方面要放出去，回向与正式修行前的发愿要配合起来，不是为我个人修，而是为利益众生而修行，这样整个修炼是一个完整的程序。

我们把静心的类型做了一个整体的介绍，你就知道修炼有不同的种类，对整个修行的方法有一个宏观的了解。

22 真正的无为法连无字也没有了

我们现在进入正式的静坐时间。我们一天有两次是专门修行的时间，其余时间可以看作是生活中的修行。这段时间大家要严格要求自己，当作一个锻炼的机会。大家利用这个机会把所有的外缘都斩掉，进入专门静心的时间。

我们每个板块都有不同的实修法门，这样可以帮助你找到自己最相应的方法。今天我们修的法叫“无字法”，实际上这是修无为法的一个方法，是无为法的一种方便。当然真正的无为法，连无字也没有了，那是后面进入状态了；一开始我们这个“无”字不要丢。

大家现在微微提起一个“无”字，也不要参“我是谁”了，什么都不用管了，心念当中提起一个“无”字。这个“无”字呢，既是修止也是修观：当你无杂念，无妄想，无牵挂，什么都没有的时候，心就定下来了，这就是止；当你明明白白，清醒了知，觉性呈现，这就是观。当你真正地“无心”了，“道”就显现了。

首先是“无”掉外面的一切，把整个外在的世界放下；然后把身体的感觉“无”掉，无身体，无感受，无感觉；最重要的是无头脑，无心了，做无心之人。当你无心的时候，就无掉了第三层结构，而第四层结构就显现了！当你的觉性现前，你的第三层结构——思想和心——就没有了，把你胡思乱想的脑袋砍掉，没有脑袋！没有脑袋就不会想事情了，无心，心找不到了，“觅心了不可得”。心没有了，只剩下一片空寂，什么杂念、什么妄想，本来就无！没有了。

“无”……

无所缘，无所得，无所思。过去心，无！已经过去了；现在心，无！找不着；未来心，更是无！没有来。

提起一个“无”字，一路无下去，无到底！看你们谁能无出个名堂来，无出大智慧来！你们无到家了，我们这堂法会就圆满了。记得自己的“无”字，一路无下去，无到底，不要睡觉！

嗨！有些人昏睡了，保持警觉！不昏沉，不散乱，提起无字来！心中只有一个无字，来了什么都把它“无”掉。

只是观一个“无”。“诸法从本来，常自寂灭相”，一切法本来就不生，本来就是寂灭，用不着你去空它，它本来就是空的。念头也是空的，找不着。就好像空中写字，边写就边没了；就好像水里画一个波纹，画完就没了。所以不需要很费劲呀！你的念头本来就没有，也不要怕它起来，只要正观它就可以了。“不怕念起，只恐觉迟”，不要担心你的念头会起来，只要及时地觉知它，提起一个“无”字。

腿太酸了可以动一下，但心不要动，还是在定中，可以换个姿势，可以把眼睛微微睁开，省得睡着了。

你的念头好像天空中的云彩，你的觉性好像那广大的天空；云彩虽然能遮蔽天空，但是天空不会消失。记得唤醒自性的天空！念头又好像那波浪，而你的自性像大海，波浪起来了，但还是在大海中，它离不开大海，所以“波水一味”！这就是智慧。

不要怕烦恼杂念，妄念本来就空！了悟了“妄念即是法身”，还有没有必要断这个念头呢？根本没必要去除念了。如果你天天除妄念，跟妄念斗争，这本身就是一个大妄念，天天自己跟自己打架没有用。所以要正观，了知妄念即是法身，波浪即是大海，云彩不碍天空，这里面可以生起智慧！你越除妄念，妄念越多，扫尽还来，没完没了；当你正观妄念本不生，不除妄念而妄念自断，空寂之性现前。

别睡觉，警觉！把“无”字当成一把剑提起来放在头上，魔来斩魔，佛来斩佛，本来无一物，何处惹尘埃！心不在外，不在内，不在中间；过去心不可得，现在心不可得，未来心不可得。心不可得，心没有了，无……

如实地和当下的存在在一起，当下存在的一切就是你的本性。不要找，找不着。

好，不错！大家生命中至少有过这样的体验。不管如何，我们坚持了一段时间，现在慢慢把心收回到你的身体里边来，自己和自己说要收功了，要出定了。回来，回到这个环境里边来，感觉一下我们周围的环境，感觉一下我们身在哪里。好，大家收功，整个宇宙收归丹田，按摩拍打全身，慢慢活动，不要一下子太急。

23 静心的方法

前边我们讲了静心的类型，对静心做了整体的、宏观的分类，下面我们讲一下静心的方法、修炼的方法。

我们也不是一个一个地讲具体的方法，我们是对静心的方法做一个整体的概括。在静心的方法里，我们把所有静心的方法分成三大类进行介绍。

系缘修定法

静心方法的第一大类是“系缘修定法”。

我们修定，目标是达到“心一境性”。达到心一境性的要素是什么？途径是什么？不管是哪一种方法，都要建立一个“所缘境”，我们要达到心的统一，统一在一个“境”上，建立一个修炼“所缘”的“境”。

这个“境”是什么？心猿意马，把心拴在一个什么地方，系在一个什么地方，这个地方就是我们所建立的一个所缘境。所以修定的时候一定要有个所缘，没有所缘你自己一会儿“这”一会儿“那”，本身就很散乱。

只要我们修定，就一定要有所缘境，比如我们观呼吸的所缘境是什么？是呼吸，就是我们把心寄托在、挂在这个呼吸上面，这个叫所缘境。不管谁教你什么方法修定，你一定要看看它的所缘是什么，要建立所缘，定于所缘。

这个所缘本身有不同的种类，我们前面讲静心的分类的时候有讲过。所缘有各种各样的境界，修定就有各种各样的方法，这样我们就掌握它的原理了。

道家讲“守窍”，这个“窍”也是一个所缘，身体里边的一个所缘，但守窍的法门要慎用。守不同的窍有不同的功能，有上丹田、下丹田、中丹田，有身体里边某一个窍穴，但是如果我们没有正确的指导，也会产生某种弊端。比如你长期守下丹田，能量容易往下漏失；长期守上丹田，守紧了有可能有高血压。

比较安全可靠的所缘，不要把心寄托在身体里边某个固定的地方。可以系在呼吸上，这是很好的；可以系在一个“无”字或者“空”字上面，它不会有什么弊端。因为它是无限制的，不局限在一个地方，有限制的地方总是使我们的心会紧缩，死扎在一个地方放不下。

我们有六根，眼睛对色，耳朵对声，六根所对应的六尘六境，每一个对境都可以用来修定。

比如从眼根入手来修定，眼睛看什么东西，把一个小球放在眼前某一个恰到好处的位置，不是特别远，也不是特别近，眼睛平静地半睁半闭地看着小球，这个小球成为眼识的所缘，你只要记得你在看什么，定在一个地方。慢慢地你就只看这个所缘，别的什么地方都没有了，这是从眼根来修定。

耳朵可以听声音，这个是“观音法门”，这个“观”是心眼的“观”，不是眼睛的“观”了。耳朵能听见各种声音，你听声音的时候“能闻之性”一直在，你静静地听这个声音，耳识定在声音上不起分别。耳朵跟眼睛不一样，眼睛是有方向、有局限的，耳根是圆通的、四通八达的，这是耳根的殊胜之处，它是全方位的，没有方向限制，所以修耳根法门的时候容易得到圆通。不是听某个具体的声音，是听周围环境的一切声音，静静地听着，一直关注这个声音，你听着它，但不去分别、判断，把这个声音当作一个所缘来修定。听着听着你就可能“入流亡所”，进入这个耳闻音声的意识现象之流，而消失了作为意识对象的所闻之声，没有能所之分，一心入定了。

不管你的所缘境是什么，你是不是入定，入定到什么程度，都是按你安住在这个所缘上的程度不同来区分的。如果你只是偶尔系在这个所缘上，大多数时间是跑掉了，那就是散乱的。你寄托在这个所缘上越来越多、越来越坚定的时候，你的定力也就越来越高了。等到最后你完全统一在那个所缘上面，心不再波动了，这就是入定了。

修定的法门可以有很多种，根据所缘境不同，修定的方法也就不同，每个人可以自己选择合适的方法；但是一旦你建立了一个所缘作为修定的法门以后，你在上座后用功就要一直用这个方法，不要再变来变去。你的所缘都定不下来，那怎么可能入定呢？

三观修慧法

静心方法的第二大类，我们叫“三观修慧法”。

我们修智慧有不同的“三观”，这诸种三观可以借助天台宗的“空观”、“假观”和“中观”来讲。天台宗这三观可以作为一个普遍的理论模型，而不仅仅是天台宗的。

当一种讲法变成一个客观的道理，变成了对宇宙人生的一个原理性的表达的时候，它就具备一定的统摄性，可以作为一个普遍的理论模型。就像昨天我们讲生命的“四层结构”模型一样，它既然是模型，就是一个“范式”，就具备普遍的适用性。如同数学的公式、物理的原理一般，掌握了原理就可以用在不同的地方。天台宗的“三观”搞懂了、搞通了，对佛教里边、对各个宗派里边的各种观法，各种开智慧的方法，都可以用这个模型去理解、去尝试、去观照。

我们现在简单地把“空、假、中”这三观给大家讲一下，这三观跟我们一开始讲的“缘起性空”要结合起来讲。

第一观是空观。

空观之前是凡夫的状态，是执着的状态，是把缘起法当作一个固定的自性去执着，这在唯识学上叫“遍计执”，对所有的东西都有可能产生的执着。本来是空性的，我们把它执着为实有，空观就是要破那个遍计执，就是观想诸法的空性，观缘起法是相关相连的，没有实体，无自性。

通过不断地作空性的观想的时候，我们就生起了一种智慧。空观得到什么智慧呢？空观对应的智慧叫“一切智”，又叫“根本智”，了解了万事万物的本性都是空性，这是最重要、最根本的智慧。这个根本智就破除了遍计执而领悟了万事万物都是空性的，这是第一观，叫空观。

空观到了一定程度以后容易偏向空这边。我们前面讲了，对这个空本身作全面理解的时候，它不是万事万物之外别有一个“空性”存在，我们修空观好像把空变成一个东西了，否定世界了，否定万事万物了。空不是否定万事万物的存在本身，空是说万事万物存在的本性是空性，不要理解偏了。空是万事万物的本性，是万事万物的根本的实相，但空不是在缘起事物之外独立的一个东西。

第二修假观。

万事万物的存在虽然是空性的，但是作为一个现象的存在、假名的存在，它是存在的。如果否定万法，那是断灭见，那不是真正的空。什么都没有了，一个事物都不存在了，这是一个断灭的空。不是这个杯子打碎了才空，而是说杯子的存在本性就是空性，空性也不妨碍这样一个杯子的假象的存在。

假观就是万事万物作为一个缘起现象它是存在的，而且万事万物的存在有它不同的缘起差别相；在空性上是平等的，都是空的，但在缘起上是不同的。我们所有的科学、所有的哲学，研究不同的对象，得到不同的结论，就是对万事万物缘起差别相的认识。

所以假观呢，是从空观到假观，我们不再停留在一个空当中，我们知道空本身不是一个独立的东西，它是跟万事万物的缘起连在一块的。空性的诸法都体现为缘起法，而缘起法有其现象意义上的假名存在，有不同的缘起差别。从这个假观也可以得到一种智慧，假观对应的智慧叫“道种智”，这是天台宗总结的说法。

空观是一切智、根本智，而假观是道种智。空观了解了万事万物普遍的空性，这是一切智，一切万法都是空性的；而道种智，是对万事万物缘起差别相的认识，是假观得到的智慧。

证悟了空观的人能够放下一切，但是他不能建立一切，作为菩萨，他要去弘法利生，要帮助众生，他要有道种智。他要知道众生根基的差别，知道不同法门的作用，应机说法，这些都是道种智的范畴。

假观承认万事万物缘起现象的存在，但是跟空观之前凡夫的承认是不一样的。凡夫是认为这些万事万物缘起的存在是一个独立的、有自性的存在，把它执着了，而空观破除了这些执着，假观又破除了对空性本身的执着，又回到了万事万物缘起如幻的本来的样子。

第三种是中观。

空观所证的一切智是罗汉解脱的智慧，是自觉的智慧；假观所证的道种智是菩萨“知病识药”的智慧，是觉他的智慧；到中观则是两者的完全的统一，是自觉觉他的统一与圆成，是佛的“一切种智”。

通过中观，我们了悟到万法本身就是空性的，同时它是缘起的。我们了解了缘起的假象但是不执着于它，不认为它是有实体的；我们了解了万事万物的空性，但不认为空性是独立的，是离开了缘起之外的空性。所以在中观里面，缘起即是性空，性空即是缘起，空性一定体现为缘起，缘起一定体现为性空，即空即假，空假不二，这是中观。

中观是一种圆融的智慧，是相应于佛的智慧，空有两者达到了完全的平等统一。看待任何诸法的时候，知道它是空性的，同时也是缘起的，不偏向一边。中观所得的智慧叫一切种智。空观是一切智，假观是道种智，中观是一切种智，这是天台宗讲的“三观”、“三智”。

如果我们对应唯识学讲的“三性”——“遍计执性”、“依他起性”、“圆成实性”——来讲，空观是破了遍计所执性而证到了空性，假观是如实正观依他起性，而中观则是证悟了圆成实性。

如果我们把天台宗讲的三观对应禅宗来讲，禅宗云门宗也有三观：“截断众流”、“随波逐浪”和“函盖乾坤”①，可以与天台

① 按：关于“云门三句”，文偃祖师只讲过“函盖乾坤”，后两句为门人德山缘密对云门施舍的总结。此三句之次序，通常为“函盖乾坤、截断众流、随波逐浪”，然《景德传灯录》卷22载德山之语为“函盖乾坤、随波逐浪、截断众流”，此与通常所记次序不同，我认为更具理论上的一贯性。通常的次序只是后人记载德山颂云门三句时的文字次序，没有任何云门宗文献说过此乃禅宗修学的固定次第，且此种顺序很可能是编辑者一时的疏忽，并无权威性。禅宗本不立文字，一切皆方便施舍。本书所讲云门三句之顺序“截断众流、随波逐浪、函盖乾坤”，乃对应空、假、中三观之次序，有客观的义理在，与禅典出语之次序语境不同，不可附会也。我讲的次序与《景德传灯录》所载正好相反，后者乃由高到低之逆行次第也。由戒入定，由定发慧，此顺行次第也；由慧摄定，由定摄戒，此逆行次第也。法无自性，一而涵三，一句中具三玄三要也。故行者根机不同，方便不同。禅无实法予人，不可泥古不化，死于句下，以为讲云门三句则必须是“函盖乾坤、截断众流、随波逐浪”的次第。

宗的空假中三观做个对应。截断众流相当于空观，随波逐浪相当于假观，函盖乾坤观相当于中观。

截断众流就是把我们的妄想之流斩断，这个时候就不再执着于万法了，没有一个实在的东西，就悟空了。截断众流以后不要死水一潭，要从空出有，这个时候随波逐浪，还是有波有浪，但随波逐浪的时候已经经过前面截断众流的淘汰和升华，你虽然随波逐浪，但已经了悟到波浪的缘起性了，不执着于它了，也就是假观。空假融合在一块，函盖了所有的空与有，这就是函盖乾坤，相当于中观的境界。

我们有三观三智，有三层境界。当我禅杖一敲下，或者一声大喝，你那个时候截断众流了，就入空观了；告诉你妄念就是法身，不要去执着于那个空，不是说什么都没有就是空，存在的一切本身就是空，空就是存在的一切，这就是假观的智慧；这两者完全统一起来就是佛的智慧。

这三观可以作为一个普遍的模型来对所有的观法进行分类和类比。佛家里边讲的三宗："法性宗"、"法相宗"和"法界宗"，也可以和空假中这三观对应起来研究。

我们从这三观里边可以找到不同的观想、观心和安心的法门。比如我们可以找到三种当下就可以受用的安心的法门，你仔细听着，当下受用！

第一种即刻安心的法门是"妄心观"，观妄想本空，这是空观。一切妄想、一切杂念本来就是空的，然后你安住在妄想的真相里面，得到即刻的安心，不等待。不是我观了以后再安心，是即刻就得到安心的法门。既然万法都是空性的，难道妄想不是万法之一吗？难道妄想是一个实实在在的东西吗？如果我们的妄想烦恼真的是一个实实在在的东西的话，我们就没法修行，实在的东西是除不掉的。妄想的本质是空性，当你观妄想的时候，妄想了不可得，当下安心，心就安住在这一刻。

第二种即刻受用的安心的法门叫“真心观”，观本觉现成，观我们的佛性本来现成，当下就在，我们从来就没有失掉过它。把它唤醒，一切现成，佛性当下呈现，从而安住于本具的光明觉性之中，即刻安心，安心在真心里。

第三种是“法界观”，观法界圆成，观整体法界，安住在无得失、无增减的整体法界之中，一切圆成，而即刻安心。法界观就是函盖乾坤，一切都在里面，无得无失，无增无减，你的心就安在这个地方。

这三种观法也是禅宗不同的宗派所强调的禅法，有的禅师强调观妄想本空这种方法，有的禅师强调本觉这个观法，就是体现你的本觉，有的禅师提倡法界圆成这个观法。这三种观法都能让你当下安顿你的自心。

这三种观法、三种安心的法门，也可以有另外一种表述，可以称为“现象观”、“本体观”和“一味观”。

观妄想本空相当于安住在现象界，与现象界的一切共处，与无常共处，与变幻的身心共处，与当下世界无常的一切共处。安住在这个现象界，不去寻求什么，就安住在这个无常的世界，它本身就是无常的，也就是性空的。

观本觉现成相当于安住在本体界，那就是与空寂共处，与道体共处，处在这个觉性的中心点上安住下来。

观法界圆成相当于安住在不二、安住于一味的境界，一切现象本即空寂即是本体，一切本体妙用现前即是现象，现象与本体本来一味，无二无别，万事万物和它的源头不二，这就相当于中观，统一了，现象和本体不二，妄想与真心不二。

这三种观法实际上是所有观法的核心智慧，能够让你的心灵找到它的家，找到它的安顿之处。

果位悟道法

前边讲了系缘修定法、三观修慧法，现在我们讲“果位悟道法”。

从修戒、修定、修慧这种修行的次第下来，这就是渐修法门；不讲戒定慧，直接顿悟，直接悟道，这叫果位法门。前边是因乘、因位的修法，后边是果乘、果位的修法。果位悟道的法门，定慧一体，没有定慧的分别，果位法门是把佛菩萨悟道的境界通过某种方式让你直接去契入，去呈现，去顿悟，用这个顿悟的境界来作为修行的起点，去转化自己身口意三业，最后打成一片。

这样一种修法，从顿悟开始起修，这就是禅宗讲的“不见本性，修法无益”，在我们没见本性之前，我们修的那些东西没有真正的究竟的利益，只是一个过程，因为还没有找到真正的方向。所以果位悟道法是把凡夫境和佛境直接统一起来，即心即佛，你就是佛，你跟佛没有差距。

它不是从一个见地开始修行来求证的，当你悟道了，它就是见，它也是修，它也是行，它也是果，见、修、行、果都统一在悟道的境界里面。这种悟道的境界，广大无边，万法无实，整体独一，任运自在。这个悟道的境界不是我们去追求、去产生的一个境界，它是法界法性的自生自显，自己显现，自然显现。问题也不需要我们去解决，而是自动解决，是一种完全自然、完全无为的境界，这也是真正的无为法。

我们只是告诉你有这样一个方法，但这个方法具体去修是没法修的。在得道的上师面前，直接得上师加持，和上师相应，有可能领悟这种广大的心体，顿悟心法。严格来说，它不是一种修法，而是一种顿悟法。你在某种机缘下可以悟进去，但你不能说我找一个方法硬造出来；造不出来的。但前面的修行也有关系，不是说我们就没有办法；前面的修行办法是为这个悟道境界的显现提供机缘。

这就相当于我们在一个黑暗的屋子里边，不知道门在哪里，不知道无为法在哪里，这不等于说我们就只能站着不动，我们还是可以向各个方向动。我们动一下，如果撞墙了，知道这个地方不是门了，虽然我们不能直接找到这个门在哪里，但是我们可以不断地撞墙。这个地方不是门，那个地方不是门……撞来撞去，有一天，“啪”，你撞到门了，就出去了，就进入那个状态了。

觉性、悟道的境界不是我们直接去追、去抓住的，你越想抓越抓不住，但是我们可以不断地去撞，有为法为无为法的显现提供了一个因缘，它不是直接创造，但提供了一个机缘。

这是我们讲的静心的方法，讲了三大类，做了一个统观。

所有修法的三个要点及其原理

不管是哪一种方法，我们现在总结一下所有的修法、所有的功法的三个要点。

第一点是“关注”、“观察”，所有的修法的共性——不管你修什么方法——都是观照、关注、观察，都从这里开始的。观察什么、观照什么，这是我们不同修法的内容，但它都离不开“观”，没有观就不成其为修法。

通过你的关注、你的观察、你的观照，到了第二个阶段，你所有的心相、意相、所有的思想停止了，妄念断了，进入定境，这是修法的第二个要点。观到一定时候，你得到了一个意相、思想的停止，分别念没有了。

进一步在定当中，经过某种机缘，由定生慧，本觉现前，呈现了智慧的觉性，你开慧了，这是我们修行的目标，就是要呈现那个觉性，要明心见性。

这是所有修法的三个要点或者三个不同程度的阶段与过程，这三个阶段基本上是每个功法里边都离不开的要点。

在这所有的不同的修行方法里面，我们再讲讲它们的原理。

修行的最终的原理包括两个方面：一个是净化我们的“业相”、“业力”，一个是唤醒我们的“觉性”或“本性”。

先讲净化业力。在我们每一个人的心田当中，在“阿赖耶识”的仓库当中，都积累了无数的印象、无数的种子，以前有很多的执着、很多的无明，所造的业都会留下种子，所以我们要通过修行把这些种子给净化掉。

要尽最大的努力，把自己平时自动化的无意识的动作、无意识的思想和无意识的情感表现，转化成自觉的有意识的动作、自觉的有意识的思维和自觉的有意识的情感表现。做这种修行转化的工作，就是从我们的三业——我们身、口、意的表现——来转化自己，作为修行人要不断地提起自己的警觉意识，不再无意识地说话，不再无意识地行动，不再无意识地思考。

在身语意这三业当中，意业是根本，我们的动作、语言最后的动力都来自于我们的意念，所以将意识活动转成有觉知的“正思维”最重要。这个意念本身会产生物质、产生能量，修行最关键的就是“一念之转”，就是转化这个念头。一念迷了，我们随着贪瞋痴走，就带我们进入地狱状态；一念觉悟，我们随着戒定慧走，就进入天堂、进入净土。

心念本身是最高的物质表现，它会影响这个世界，我们的所思所想会产生相应的物质与能量，会影响我们的身体，影响我们的能量结构，所以要净化我们的心灵，而我们心灵的净化会带来物质结构和能量结构的净化。心物相互作用、相互影响，所以你要性命双修，转化这个身体，身体转化到更精微的程度，也为你心灵的净化创造了条件。最终我们要物质和精神同步净化，硬件和软件同步发展。

我们修行的道路要去转化这个业力，到底怎么转化业力？我们有几种表现：

第一我们要停止制造新的业力。就是把这个无明、无意识的行为化为有意识的行为以后，我们就不再造业了，当我们觉知地做事情的时候，这个业力也就不产生了，就不造新的业了，从现在开始作为修行人不再造业了。但这个“业”是指那种由执着而成的负面的惯性，做好事、修行也可以说是“业”，但那个业一般不叫业，那是你修行的资粮、福德乃至功德。

第二要解开或者消化掉旧业。我们过去的业怎么办？消过去的业有两种情形，一种是把它消耗、消化掉。什么是消化掉？昨天我举了个例子，比如我很喜欢吃楼下餐厅的某个菜，产生了种子，形成了一个业力，这没什么大不了的，我怎么把它灭掉呢？就是我再去吃一顿，但是我第二次不要去执着了，把上次的业给中和掉了，消掉了，以后就不再对我有影响了，这就把它抵消掉了。但是如果我第二次吃的时候还执着，那又产生了业，那就没消掉，一定要以无住之心去体验过去的业相，将过去的业抵消掉。第二种是把过去的业相解开。比如过去有某个冤仇，欠了什么债，这个业怎么办？要通过某个方法忏悔，把功德回向给他，让他原谅你，解开过去冤孽的债，业相就解开了。还有一种是自然的耗尽，那个业本身会在时间的流逝中消化掉、消耗掉，只要你不再增加了，它自动会消化掉。还可以借助上师、三宝的加持之力，去消化、消灭掉过去的一些业相。

所以消业有种种方法，我们修行真正的进步就是看你消业的程度。当我们业力没有消，种子没有转化的时候，我们所得的境界都是不稳定的，因为后面的根本——潜意识的种子——没有转化。我们修行、做功夫的第一等大事，就是消业的问题。

其次，我们讲唤醒觉性的问题。修行的原理从正面来讲，就是要不断地唤醒我们的觉性或本性，虽然我们有很多业力，但不会因为这个业力的存在，本性就没有了，本性、觉性还是有的。我们一旦曾经体验过，呈现出我们的灵性、我们的觉性，我们就要不断地唤醒它，这个唤醒本性的过程，也能帮助我们消业。

我们修行是两个方向：从消极的角度讲是消业，从积极的角度讲是觉知觉悟，唤醒自己，而这两者是相关的。你消业的程度消得越好，你就越容易唤醒你的本性，把遮蔽本性的云彩——烦恼的乌云——去掉了；你的本性唤醒得越多越好，次数越多，你就越能够消业，你的智慧、你的光明就不再陷入无明之中了。

整个修行有各种各样的方法，我们作了整体的介绍，也介绍了它的基本原理是什么。一开始强调的是正见，中间重点讲静心的类型和不同的方法，讲到明师的不同的境界，入道的不同的机缘，这是我们今天上午所讲的内容，就到这里结束。

24　你创造了属于你自己的那个世界

再次向你们内在的佛性敬礼！希望你们能时刻记住自己内在的灵性，在生活当中不断点亮自己智慧的心灯。

人世间的一切问题、一切黑暗、一切罪恶的根源都来自于无意识，来自于无明。比如说我在讲课之前不打开麦克风，你们就听不清我的声音，这虽是一件小事，但也是有没有意识的问题。如果没有意识到，这样一直下去，还以为今天的话筒出了问题，实际上是我们没有意识到。很多的犯罪、意外，都是因为我们在不觉知、在昏沉、在散乱当中跟随业力的轨道，掉进无明的深渊之中。

所有的修行都要唤醒觉性，这是我们最初和最终的自由。为什么是最初和最终的自由？从一开始，我们的所作所为，都要从唤醒觉性出发，从这个角度出发；到了最终，我们所有的成就者，成佛了，大彻大悟了，也还是这个觉性的圆满与起用。从菩萨到佛，所有的阶位，都是这个觉性的不同境界的呈现。

当觉性被完全遮蔽，不起作用，由无明做主，由我们的头脑、业力、自我做主，我们就是地地道道的凡夫众生。当我们开始发愿，走上修行的道路，进入修道之旅，探寻灵性的奥秘，这个时候，就意味着你的觉性已经开始唤醒，已经走上了觉醒的旅程。

我们讲树立正见，那么正见是干吗用的？正见是对觉性的认识，你真正地确立正见，那必须到了“见道位”，也就是你的觉性呈现。在“修道位”，所有的修道过程，还是要靠觉性来统率你，成为你新的生活中心，而最终当你觉性的智慧系统完全建立起来，完全能转化你的无明业力系统，你完全由觉性做主时，你就成功了，这就是真正到家了。

不管是在生命中的哪个层面，我们都要不断地回归心源，回归我们自性的源头，要找家，找精神的家园。因为我们的心一直在向外流浪，流浪到了很远、很远的地方。我们被外在的客体世界所迷惑，被这个花花世界所迷惑。我们从那个伊甸园里走出来，然后看见了外面的世界，一直在向外追逐、流浪。这本身也是生命成长与进化的一个过程，生命没有向外的发展，也就没有向内回归的自觉和因缘。

我昨天也讲过，修行并不是真的要回归前自我的混沌阶段，而是经历过理性的迷茫，经历过自我阶段——自我的探索，自我的沉浮——再重新超越自我，超越理性，超越头脑，回归那个原初的世界。这是一个后得的混沌，而不是原始的那个混沌。

我们不用为过去的一切流浪后悔，过去的一切也是生命成长的必要的阶段。后悔没有任何灵性的意义，它是一种烦恼相；但忏悔不同，忏悔是一种消业的方法。

过去的一切对你的人生来说，也可能是一种必经的过程，它帮助你走到了今天，来到了这个地方，它已经完成了它的使命。而我们的心在对外在世界的追逐当中，迷失得太多，迷失得太久，现在我们要不断地唤醒觉性。

最终而言，我们生命的任何境界都是我们心的呈现，用佛家的话语来说，就是“万法唯心”。万法唯心所现，你创造了属于你自己的那个世界。

我们要知道，我们现在讨论的这个世界，不是指那个外在的客观世界——跟我们人没有关系的独立于心之外的世界——那个世界用“现象学”的话来说，我们是不知道的，是认识不到的，是要“打括号”的。我们每个人去生活、去接触、去呈现的世界，是你唯心所现的那个世界。

你生活在什么样的状态、什么样的境界当中，其实都离不开你的心。表面上我们生活在同样的世界当中，但其实每一个人的内心世界都是完全不同的。每一个人内在都有自己一个丰富多彩的世界，有一个梦幻的世界，有一个我们自己头脑所投射的世界。

在我们通常的认识当中，其实是不断地放电影，我们所看的那个电影，好像是实在的，你知道在上演，但其实那个发动机、投影机一直在你里面，你不断地向投射在你脑中的这个世界看去。当我们迷失的时候，我们就一直把外在世界的电影当作是真实的，跟着它悲欢离合、起起落落，而忘掉了是谁在放这个电影。

其实人生电影的源头在你心中，你要找到自己的主人公，找到那个放映电影的人，然后你才能够自主地上演你所想要的电影；否则这些电影都是被动的、不自觉的、无意识的，只是一堆幻象在换来换去。我们一旦掌握了这个唯心的奥秘，我们就有自由的可能性，我们就可以创造我们想要的世界。

从凡夫到罗汉到菩萨到佛，每一个层次都有一个不同的主体世界，不同的精神世界，它所呈现出来的世界都是不一样的。我们昨天讲过，人可以分为七种、七个层次，每一个层次的人，他所生活的世界、所呈现出来的世界是不一样的。

我们不是在谈论外在的各种客观世界，外在的客观世界我不管它有没有，它有也与我们没有关系，我们触及不到它。现在我们谈论的是意识现象的世界或者作为生活境界中的世界，这个世界是你做主的，你要对它负责任。

当你的心有了清净，有了智慧，有了光明，你这个世界，就是清净、智慧和光明的世界；当你的心迷惑了、迷执了，掉进了幻觉、执着当中，你就回到了这个问题重重的尘世间，就会有种种的烦忧与困惑。

心觉悟了，佛境就出现了。所以佛教讲："心生种种法生，心灭种种法灭。"当你的心停止了分别，停止了执着，那么你的世界里面，那个混乱的世界就消灭了，剩下的就是你的清净的世界。

我也让大家念佛，但是我们不是去寻求外在的净土，我们念佛也是为了达到内心的觉悟。当觉悟的时候，唯心净土就现前，极乐不在西方，极乐就在这里，看你有没有这个眼光。往生不是往生到一个遥远的地方，一念觉悟，当下往生，这是我们讲的净土世界。

这里面的关键就是要有智慧。我们众生天天生活在苦难之中、迷惑之中，不断地造业、受苦、受报，但是他找不到发动机，找不到这个根源。他老把原因往外追，找别的原因，是因为这个、因为那个，所以我在受苦。把受苦的根源不断地往外推的结果就是，我们的生命没有自由，没有解脱的可能，因为我们的自由、我们的解脱，操纵在别人的手里，操纵在外在的各种因素里面。我们认为是别的东西影响了我们，使我们很痛苦。但其实你自己所显现的那个世界，总源头、发动机在你的心里面。

我们创造了属于自己的世界，但我们也不是讲绝对的“唯心论”。相对而言，外在环境、外在客观世界对你的影响也是存在的，但这个影响也是通过你的心表现出来的。“心转”——心能转物，心能转境——的时候，你才有自由。所以你永远不能把责任、把问题归结到外面，归结到外面就没有解脱的可能。环境是对你有影响，但是你要做到不被环境所影响，有了一定的智慧以后，你就能转化这个环境，把它变成对你自己有利的一种情形。

当我们讲“境界论”这一部分的时候，我们首先要提出来的原则，就是掌握这个人生的发动机在哪里？投影机在哪里？是我们在放映，投射到这个世界，总的枢纽在心里面，而心的枢纽在迷悟之间。当你心迷的时候，呈现的是迷茫的世界；当你心悟的时候，呈现的是佛境，是净土。

25　修行境界的根本原则

在修道的过程当中，我们所谈的各种境界，里面有一个根本的原则，就是“心”能不能“转境”。我们说一个人修道有什么境界，到了什么程度了，用什么来衡量？气脉通不通，这都是小事；面对各种各样的外缘、外境的时候，如何起心动念，这才是真实的功夫。

面对不同的事情——大事小事，好事坏事——都是不同的境，心为境所转，忘掉了自己，随着外面起舞，这就是地地道道的凡夫。如果是这样一个人，哪怕宣传册上说他是佛了，图片上头上全是光，吹牛说三脉七轮全部打开了，神通无量，但是当我们跟他接触的时候，发现他不能转境而是被境所转，那这个时候，我就用这个禅杖敲他！管你自吹是什么佛，肯定是假的！那些胡吹的神通不算数。

所以禅宗不讲这些乱七八糟的神通啊！禅宗最主要的考核是什么？就是看你的觉性是否迷失。禅师会出“机锋”，出种种的“境”，看你上不上当。你要是被境带走了，当真了，把自己忘掉了，把自己的觉性忘掉了，那考试不合格，下课！如果心能转境，比如今天我炒股了，股票上升了，或者中彩票了，几千万下来，境界高的人如如不动：“噢，彩票涨了？”照样学习、读书做事，纹丝不动。人家报告说“完了，今天大跌”，或者家里起火了，还是一样平静：“咦，是吗？”如如不动。这是禅师的境界。

在禅师的故事当中，有很多这样“不动心”的故事。有一个人，未婚怀孕并生下了孩子，她不好意思交代自己的男朋友是谁，她就开始假托是住在村里的一个禅师，说我是跟他生的。娘家的人大为生气，就去兴师问罪：“嗨，你还是个修行人呢！你为什么把我们家女孩的肚子搞大了，生下孩子了？你这修行人的境界在哪里？”就把孩子送给禅师抚养。禅师微微一笑，接过孩子，说：“是这样的吗？”如如不动，一点没事。后来这个女孩实在不好意思，哎呀，我不能冤枉人家，这也不是个办法，就交代了，我是跟谁谁谁相好了，不是那个禅师的。家里人感到对不起禅师，赶紧去向人家道歉：“哎呀，不好意思，错怪你了，请你原谅。”禅师还是如如不动：“是吗？噢，那就把孩子还给你。”这是真正的高人！比那些自吹自擂的邪教教主高多了，他们说能控制这个，能控制那个，这都是吹牛皮的事情。

我们上午讲了明师的三层境界。任何时候，你要考验一个师父，不要去看他有没有神通，不要看他头上有没有光，你要看他在生活里面的表现，他的喜怒哀乐。见了什么东西是不是忘了自己，完全被带走了？见了好事就“得意忘形”，遇到坏事就“失意忘形”，这不可能是什么“大师”。要宠辱不惊，“八风吹不动”。当然，八风吹不动，不是口头上的，不是“一屁过江东”那个典故里讲的“八风吹不动”。

据说苏东坡与佛印禅师相友善，一日东坡自觉修行到了一种极高明的境界，乃自书一偈：“稽首天外天，毫光照大千；八风吹不动，端坐紫金莲。”叫人送给佛印禅师，禅师批曰：“狗屁不通！”送回给东坡。苏东坡大为不悦，遂过江找禅师理论，禅师笑曰：“八风吹不动，一屁过江东！”这个典故充分说明了一个人若无真实觉悟，很容易就被“境”所带走了。

心不为境所转而能够转化种种境，这就是我们修行人所要达到的最核心的智慧境界。我们一般人，就是在攀缘，在追逐各种外缘，因为外缘而喜怒哀乐，随外缘而起舞，跟着外面的世界而机械地反应。

对一般人来说，我们要让他生气，很简单，你只要稍微刺激他，他肯定生气。哪怕你逗他玩，他也不知道。你突然正儿八经地骂他一句：“你这个傻瓜，你怎么回事？”那人肯定怒火就冒出来了：“我怎么傻啊！”但是你是不是傻瓜，不会因为别人说你是什么而变化。如果你真的是个傻瓜，别人说你是傻瓜，那只是提醒你，是你的善知识在提醒你，你应心存感激。如果你不是傻瓜，别人说你是傻瓜，不能够影响你，你不会因为别人说你是傻瓜而是傻瓜，你还是原来的那个你，你真实的自己不变，所以你应不受打扰。

我们很多人都活在别人的眼光当中，活在别人的期待当中，我们甚至希望我们一直活在别人的一种赞誉之中，别的人都说我好，我就很高兴，为这个“面子”而活。但这都是人格的层面，不是本体的层面，不是我们真正的生命。

我们要有这种智慧：看破这外层的衣服，虽然我要穿衣服，那是在这个社会上演戏，但是我们不要当真。我这两天在这里，扮演一个“导师”的角色，但是我不当真，演完了就拉倒。回去把导师的衣服一脱，我还是平凡普通的人。不要太在意，你不要因为这些角色而去认同。

你在社会上可以扮演不同的角色，因为我们生活在世界上，在现实的层面要去完成自己的使命和工作，有不同的现实人生的角色。但是要知道这都是人格的层面，不是真正的本质或本性。我们要活出自己的本质、本性，而不是去认同现实生活中所扮演的不同角色。

我们生活里面有很大的一部分烦恼，就是因为我们不能将虚假的人格与真实的本质区分开来。我们认同于这些语言，认同于别人的评论和判断，认同于别人对你的看法，把这些东西抓住了，放不下，而不知道你的世界是你自己显现的世界，别人说什么没有关系，只是一个声音而已，本身是无常的。

《庄子》里面讲了一个故事，就是那个“虚舟”的故事，很多书上都引用过，一个很妙的寓言、象征。我们为什么会跟人家碰撞？是因为我们的生命之舟上有个人，有自我，有执着，当这个船上没有人的时候，不管怎么撞，这个船本身也不会生气。当我们不认同这种自我的执着，把自我的认同去掉以后，活出你的本来面目，这个时候，你就不会在人与人之间发生碰撞，人世间就会少了很多的争斗、很多的口角，甚至很多的悲剧。

你要是留意这个社会的很多负面新闻，就会发现其实很多的灾难，都不是什么大不了的事引起的，都是由小事引起的。但是因为人太认真、太执着了，一口气受不来，就耿耿于怀，非要去报复，冤冤相报，造成灾难。

我们现在提出了这个关于修行境界的根本原则，就是不为境转，而能转境。这是在修道的整个过程当中都要去做功夫的，都要能看破外境，能放下，知道你的发动机在你心里面，知道生命的真正本质与外境无关。

26　顺行次第与逆行次第

在追求觉悟境界的征途上，我们有两种次第：一个叫“顺行次第”，一个叫“逆行次第”。

顺行次第，是从低到高，从小学到大学，从本科到硕士到博士，一直到博士后，一级一级往上走，这是我们正常的修学程序。从佛教来讲，是从小乘到大乘到密乘，从罗汉到菩萨到佛，这是一个修行的次第。

什么是逆行次第呢？我记得有一位藏传佛教的大师，他传法的风格是从最高的法开始传，然后一步步地补充下面的次第。他说人生无常，时间太短暂，为了不让那些根基好的人错过机会，浪费时间，我来个相反的传法次第。

今天在座的各位也许就有大根器的人，我们一步步地教授，说不定对他也是多余的，也是浪费。所以我上来先传最高的法，将教授次第反过来，直接去读博士学位了。最高的法传下来，能接受的接受了，那没有接受的怎么办？读不懂，博士学位拿不下来，因为硕士阶段那个基础没打好。好，现在给你补硕士研究生的课。如果硕士还读不懂，那就补本科；本科还读不懂，那就补上高中；高中不懂就补上初中，一直往前追。这个叫逆行补充次第。

有些密宗大圆满的上师，一上来直接给你传大圆满。领悟了就悟了，没悟的不懂了，好，再告诉你前面怎么修，补充前行次第，往前一层层补充，这就是我们讲到境界的时候，要提及这样一种不同的修行次第。

任何事情都有“常规法”和“超常规法”。常规法，你就按正常的规则去理解它；但是还有超常规的，不讲那么多规矩，是超越的法。人既要有一种规规矩矩的心态，有的时候还要有超越的心态，太规矩了，就给限死了。

你学佛教，三皈五戒，一步步学，这是常规法。但是你要学禅宗，你按照这个常规法理解的话，你学禅宗学不了。天天学那么多戒学、定学、慧学，禅师给你说，我们家里没有戒、定、慧这些闲家具，别给我谈什么戒定慧。禅师干什么？直指人心，见性成佛，直接给你传最高的法。禅宗学不了再回去学别的教去，“宗门”不悟，“教下”再学去。经有经师，律有律师，论有论师，你向他们学去。但是对禅师来说，他站在他的本位立场上来说，他只管禅啊！禅师做什么？禅师是教“禅”的。

对于我们今天的人来说，我们要把两者结合起来。我们既不能完全讲这个无为法，讲最高的境界，讲心法的传承，大家听蒙了，全睡着了；但是也不能只讲规规矩矩的法，把人给限制住了。所以针对现代人的根器和因缘，我们要把两种次第结合起来：我们既要讲修道的次第，前行要做什么，后面要做什么；我们也可以传一些彻底的法门，这个法门一“穿”，直接从低往高穿起来。

其实各种不同的修法，从本质上来说是“全息”的。我们虽然用小学、中学、高中、大学来打比方，但其实修道的次第不完全是这样。“法”的特性是一个圆融互摄的关系，任何一个“法”里面，实际都包含着更高的法。只不过在你修的时候，体现在哪个层面，要看你的见地如何。

你说观呼吸是哪个层面的法门？从阿罗汉到菩萨都可以观呼吸；你要是开悟了，以觉悟的心观呼吸，那就又是一种法门。我们这两天所传授的法门，是可以有一种贯穿力的，是可以通到最高处的，但也是现在就可以起修的一种法门。

比如我们讲的这个“无”字法门，应该说是来自于禅宗的；但是我们一修，就可以变成可高可低的法了。我们可以把它作为一个修法来观，来提起这个无字，作为一个所缘境，我就缘在这个无字上，来对治自己的念头妄想，这就成了普通人的修法。等你无、无、无……无到底了，无到家了，无为了，显性了，那就变成了高层次的修法。

我们这两天的课程里有很多的结合，最大的结合是理论和实践的结合。我们不能纯粹走实践的路子，光讲怎么练，没有理论，没有指导，眼睛不打开，稀里糊涂不行。我们也不能只讲理论，一套一套的，搞得大家钻到知识的体系里面去，逻辑分析、逻辑思考、逻辑规律，全是逻辑，没有实践，没有体验，这是不行的。

我们还有动与静的结合，静坐，行禅，站桩，行、住、坐、卧的结合。我们要把很多的东西拼盘起来：知与行、动与静、高与低……我们这两天，就相当于带大家作一次旅游，探索灵性自由的一次旅游，进入灵修世界的大观园，你可以逛花园，可以见到很多风光，然后取自己所需要的那一部分。这样对每个人，不管你是哪个根器的人，都会有所收获、有所体验。

27 昏沉与混沌的区别

以上我们讲到了关于境界论的一些主要的法则或者原理，下面我们再从细的方面来讲一些不同的主题、一些分类的表达。

首先我们讲讲“昏沉”与“混沌”的区别。

大家有没有注意到，道家常常讲到一种“混沌”、“杳冥”的状态，在某些佛教徒或者其他宗教徒看来，道家的这个混沌可能是昏昏沉沉的无知的状态、无记的状态，是属于无明范畴的状态。我们要把道家讲的那种混沌与昏沉的状态区分开来，不要把两者搞混了。

什么是昏沉呢？这是一种虽没有散乱、没有杂念但同时也没有觉知、没有意识，这样一种什么都不知道的状态。这是佛学讲的“无记”，是无明的表现。我们前面讲了，这种状态是不好的状态，是要堕落成为动物境界的那种状态，是修行要避免进入的状态。昏沉和散乱是修行、修定所要避免的两种主要的障碍，你虽然不妄想了，但没有意识、没有觉知，这就是昏沉的状态。

什么是道家讲的混沌的状态、杳冥的状态呢？道家丹道功夫最核心的秘密是身与心的交媾、神与气的交媾。它既不是纯粹修炼这个“神”，也不是纯粹修炼这个“气”，它是把神和气结合起来，身心阴阳交媾。精神和物质、精神和肉体两者融合交媾的时候，就会进入某种状态，这时候会体验到某种混混沌沌的状态，这是精神和肉体两者凝合在一起的时候所呈现出来的一种独特的状态。这个时候呢，自然而然地一个念头都没有了；无念头但是没有昏沉，没有睡着，不是说什么都不知道，那个灵性还在，觉知还在。没有念头，但身心交合在一块，念头起不来了。

道家讲的这个混沌有其特色，它不光是心理上不起念头，没有意念，它跟生理状态还有某种关联。因为身心交合以后，它有一种身心凝合的共振的状态、共鸣的状态。这个时候讲混沌，是道家静心的一种特殊的方便，与昏沉完全不同。平常我们的心念，像火一样，向外发散，向上发散，我们的能量则不断地向下流，此谓之“水火不交”、“阴阳不交”。道家要把这个扭转过来，使能量向上升华，精神向下观照，把火放在水下面去，水火交融而使能量蒸发。水火一交，心念因为得到了能量的支撑，它就不向外跑了，神气抱成一团；而能量因为有了精神参与其中，它就不再往下流而发散了。神气交媾合一，由此而形成一种混沌的状态。

我大学站桩的时候就真切地体验到了这种混沌状态，所以我才能给你讲这些道理。可以说刚才讲的这一段话，你在任何地方都没有看到过，我在书上也没有这样明白地写出来。身心一交合的时候，本来念头很多，但那个时候，它就被吸住了，一个念头也没有，而且身心是非常清静的——但是跟纯粹修禅观、修心法所得到的那种无念的定境不太一样——这是道家的秘密，身心交合以后它把这个心给收住了，而能量也被吸住了，两者在里面交媾合一。将来我们讲内丹学的时候，这是内丹学里头的一个重点。

虽然目标都是入定，都是进入那种无杂念而有觉知的状态，但是方便门不同，道家有自己特殊的方便，佛教有佛教的方便。佛教对治业力有它的方法，有它不同的观修。所以这不是要争谁高谁低，不是去贬斥别人，而是要发掘别人的长处，为我所用。天底下的真理，有谁能独占呢？你不能因为你是这么练的，就认为别的方法都不行，其实是各有殊胜之处。也就是说不同的人，有不同的方便。有的人可能观心直接就能进入，有的要通过这种身心的融合才能进入。

从这里我们也可以做一个联想。为什么有时候我们睡不着觉？我们的精神那么发散，那么活跃，这个时候，不仅仅是心理一方面的问题。有的时候是因为有烦心事，放不下；有的时候是因为某种生理的原因，你的心也静不下来。我们中医讲“心肾不交”，为什么失眠呢？就是水火不交，两边合不到一块儿。他的脑子很活跃，“神”与“气”分离了，能量结构和信息结构两者脱钩了，这个神就变成了“阴神”，也叫“识神”。你这个神是阴的，没有能量，它自己就成了一个独立系统，离开了身体，身体控制不了它，像脱缰的野马，一个晚上睡不着觉。这个肉体是需要睡觉的，但是因为他精神外驰，神气不交，心肾不交，就导致了失眠。

就是说身心之间有一种沟通，有一种相互作用、相互关联。我们讲的混沌与身心合一的状态有关，与昏沉大有区别。由此，我们也可以体会身心之间的相互作用。

28 让功态相续于行住坐卧之中

有时候，我们修行会得到某种很好的状态，会体会到某种明觉的境界；但是在生活当中，我们又回到了常规的轨道。我们要面对现实生活，回到现实生活中的人生。在生活当中，我们很容易被拉回去了，又拉回了业力的轨道，从而把我们修行获得的一点点境界给消耗掉了。

也就是说我们智慧太小，抵不过这个业力，打不过业力。修行不是简单的事情，不是说一个小时打坐就解决了。那一个小时的专修很重要，是培养智慧的种子，但是你在专修的时间获得的任何的成果，你在修行的过程当中得到的任何的智慧，你要把它们用到生活里面去，这是我们修行能够不断地成长与进步的关键。

也就是说，你的功态、功能态，你的智慧状态，要能够相续，能够在生活中接上去；要能够不断地积累，让你的正能量不断地增加，来破除你的业力。我们在座的每一位，都有不同的业力习气：有的人是偏于昏沉，一上座就昏沉；有的人偏于散乱。每个人都有他自己不同的问题。有问题也不要怕它，我们要不断地让你修道所获得的成果得到相续，得到积累，来保持智慧的观照，来转化这些业力。

如何保持我们修炼的功态，让它相续，让它积累？我们现在要讲一下需要注意的几个方面。

首先，在我们专修的时候，要注意前行、正行和收功三者的统一，任何一次修炼，其实我们都有这三个阶段。

在正式上座之前，我们有一个准备的阶段：你要选一个合适的时间，合适的地点，合适的环境，穿宽松合适的衣服，处于一种不饱不饥的状态。你不要吃得太多了，挺个大肚子来打坐，你打两个小时也没用，全用于消化食物去了；或者你特别饥饿，一打坐肚子饿得咕咕叫，又被它扰乱了。要创造一个比较好的条件来静坐，你要选一个不被打扰的时间，不能一打坐就被电话等乱七八糟的东西来打扰你，你一定要选择那个不处理任何事情的阶段，把电话变成静音，或者干脆把电话关掉，不干扰你，然后你可以在门前贴上“静修中，免扰”等字样——如果你是独立的房间，没有任何人打扰你，那更好——假如有人可能会敲你门的时候，你就要尽量地调整好。专修是正儿八经真正的修炼，要做好充分的准备。

正行的阶段，要点就是专于一法，坚定所缘。你用什么修法要坚定下去，不要在开运动会、讨论会。如果这个方法练了一段时间，没有感应，没有效果，可以换一个方法。但是当你修的时候一旦选择了一个方法，在这个座上就应不动摇。要注意，你不要在座上打坐一两个小时，就换了二十种方法，每一种才几分钟，这个水烧不开呀！烧来烧去，还没来得及温呢，你就把火关了，再倒一杯水来烧，那不行。

在你练功完了以后，一定要注意收功。收功就像我们经过播种、耕耘，现在我们要收割了，要收获了。能量、精神状态我们要往回收，把能量收归你生命的"中点"，人体的中心点，把意念收回来。收功的最后一点，还要做一个回向，就是我修炼的所有的功德，不是为了自我，要回向给众生，回向给菩提大愿，要发愿去度众生。

其实在前行部分就应该发愿，发菩提心，为利众生而修行；收功时再配合回向，将一切修法都纳入菩提心来修。

我们发愿要自觉，成为觉者，成了觉者干什么？为度众生，不是为了这个"我"。有的人说，我没那么大的志愿，我度不了众生，我自己都度不了我自己，我度什么众生？你说这样的话，说明你见地不够。我们讲的是发度众生的愿，不是讲你现在能不能度众生。我没有现在就让你去度众生，去跟人讲经说法。你自己都稀里糊涂的，给人讲什么法？但是你有没有这个愿，很关键，很重要！这个愿是每个人都可以有的，而且这个愿对修行是非常重要的。

有什么样的愿就有什么样的行，前面的愿力决定你后面的成果。你从来都没发过成佛的愿，你不可能成佛，你永远都不能成佛。你发了成佛的愿，只要你这个愿足够坚定，成佛就是必然的，时间长短可以商量，但成佛是必然的。有了这个种子它就会开花结果——当然我们还要缘分具足。

这是在世俗的语境中来讲，经过修行可以成佛。在实相境界中来讲，时间本就是幻相，超越了时间相才能成佛。此时我们讲觉悟就在永恒的当下，等待未来就是束缚在时间相之中，是无法觉悟的。

要有这种大愿，每个人都要承担起这种责任，有这种愿力。有的人会说，我发那么大的愿，我又没做什么，这不是自己骗自己吗？不是骗自己，这是种智慧。我有这种大愿，但还要根据现在的能力来做现在要做的事情。我现在没这个能力，却去度众生，那不是害人害己吗？还度什么众生？所以当你还没有能力去度众生的时候，没有人会怪你，但是你要有这个愿力，这是我们修行的一个最高的愿力和目标。

所以收功的时候，要有一个回向。这个回向，实际上也是一种方法，帮助你破除自我中心主义。因为在修炼的过程当中，我们如果接触到不同宗教的信徒，就会发现一种新的自我，又叫“灵性自我”。我们一般人都有自我，但是修炼的人，天天讲破除自我中心，结果他还是有一种新的微妙的自我起来了，那是打着灵性旗号的自我，甚至打着帮助别人的旗号培养自我。当你这样收功的时候，回向给众生，实际上就是提醒自己：我这个修炼不是要增强我的自我，我们的修炼最终是要把这个功德回向给大众，回向给众生，回向给所有的法界。

其次，我们要注意的是，要让我们的功态相续，就一定要把我们专修的时间和生活中修行的时间，两种时间结合起来，统一起来。

只有专修，没有生活修的人，那是不可能达到高境界的。因为我们一天 24 小时，你说你很精进，每天打坐 4 小时，很精进了，但是除以 24，只有六分之一，还有六分之五的时间你在散乱昏沉，那怎么行呢？所以我们要把生活中的修行贯穿起来。

生活中怎么修？今天讲实修法门的时候，我们也讲了生活中修行的一些方便。总的原则，就是在生活中任何事情上面，要更有意识，更有觉知，把这个事情本身变成一种修行，把你生活中的每一个内容，变成修行的内容。这样你在行住坐卧四威仪当中，都能够做到功态相续，觉性相续，所以我们行住坐卧四种功法都要有所掌握。

我们已经讲了行禅、坐禅和站桩，行、住、坐三种功法都讲了，现在我们还差一个"睡功"。但是我们今天不能让大家睡觉来练睡功了，我们只讲一下睡功的一些方法和要求。

睡眠时怎么练功？我们所说的睡功，实际上不是在睡着的时候，你再去练功。你睡着了还在练功，你就没有睡着嘛！睡着了怎么练功啊？所以大家别搞错了。不是睡眠的时候，我一边睡眠，一边练功，不是这个意思。所谓的睡功，就是在你入睡之前，做一种功法，养成一个习惯，进入你的潜意识当中，这个时候，再带着一种功态去入睡，在睡眠当中，这个功态就起作用了。这个时候，你就不只是纯粹在睡觉，就跟"催眠术"一样，原理相近，你通过睡前的一个自我催眠，把这个信息输入潜意识当中去。然后你在睡眠当中，那个功夫还在练，某种状态还在延续。就像我们日有所思，夜有所梦，你白天老想什么，晚上还在想什么；如果你睡前有一个阶段，在练一种功法，把这个功法贯穿到睡眠当中去，那整个晚上，你做的梦可能就是练功的梦，做梦都在练功呢！

怎么样来练睡功呢？有一种方法是在我们入睡之前，用10分钟左右的时间来练功，通过练功来对自己的潜意识说话，自己对自己催眠。睡功与坐功一样，也有姿势的调整。常用的姿势，就是右侧卧——右手弯曲将手掌放到右耳下面，左手放到自己的左大腿上；右腿伸直，左腿放到右腿上，呈120度的弯曲。枕头的高度自己调整，这样安详地开始练功。你选一种功法，比如说练观呼吸，这个时候，每次观呼吸的时候，你要想着提醒自己，我今天晚上仍然是在观呼吸，我睡着了也是在观呼吸。自己与自己的潜意识对话，现在自己不仅仅是在练功，我现在练的是今天晚上的睡功，我要把我练的观呼吸深入到我的睡眠之中去，深入睡梦之中去。我的身体可以睡着，但是我的精神一直在练功，对自己提出这样一个对话的要求。我们一边观呼吸，一边与自己对话，输入这个信号到身体里面去，因为我们的身体是一种高级的生物仪器，它有它自己的硬盘，它会记入你的指令。这个指令输入进去以后，虽然睡着了，但是某一个地方是没有睡着的，其实没有真正睡着。潜意识会在硬盘上输出那个小程序，睡前输入的信息晚上开始运作，你在睡觉，它在运作呢！那么整个晚上你的呼吸就会不太一样，就相当于你在练功。早上醒来了，第一件事情就是要提醒自己说：我练了一个晚上的功了，这个晚上已经结束了，我要准备收功了。就把这个晚上的睡功收一下，收完功，再起床。等起床以后，你再练起床以后的功法，今晚的睡功就到此结束了。

也不一定是观呼吸，也可以练别的方法。同样也要用这个方法同自己潜在的意识对话，把这个种子输进去。如果你是修念佛法门，你就在睡前念佛 10 分钟，提醒自己我这个念佛要持续一个晚上，我要一直跟佛号在一起，不昏沉，不散乱，在我的梦中，我的佛号也是在的，这样跟自己交代一下。养成这样一个习惯以后，你的睡眠会有一个新的品质，会更有深度，会休息得更好。

下面行禅，来实际体会一下功态相续。如果喜欢念佛，就可以在行禅中自己默念；不愿意念佛，可以观照自己走路的动作。保持和前面的人合理的距离，不要太远了，也不要太近了，全然地走路，关注当下的脚步。好好走！这是课堂，这也是禅堂，也是极乐净土世界。我们现在就走进净土世界，走在光明大道上，不要东张西望，要摄心一处。

啪！现在要培养截断众流的本事了，当下斩断一切，完全地停留在当下。我们的心一直在向外追逐，漂流不断，现在我们借着这个机会，当禅杖敲下来的时候，“啪”的一下子，一念不生，万法如如！以后生活当中，大家有机会就这样行禅，这样走路，这样散步，身心舒畅，还有时间去烦恼、去寂寞吗？只要给你一块地方走路就够了。保持你刚才的姿势表情，一动也不动。

我们刚才讲到，众生的业力之流很大，很难扭转，但这一棒敲下来，它就是一个截断众流的机会。迫使你的业力之流顿然停止，开启你智慧的轨道，解脱的种子就在这一棒之下种下了，一念不生，觉性现前。

29　内在顾虑与外在顾虑

我们谈修道的境界这个问题，其实境界和功夫是分不开的，这些区分都是相对地勉强来分的。保持好的境界就是某种功夫，功夫达到了就是某种境界，它们是连在一起的；所有功夫和境界的问题也都属于生命的课题，功夫与境界也都是生命论的范畴；所有生命的问题也都是跟宇宙的问题相关联的，也离不开本体论的基础。所以本体论、生命论、工夫论和境界论都是一体的，万法之间相互关联、相互统摄，一法摄万法。在不可分别之中我们在进行分别；在分别之中，我们要达到无分别。做学问也是这样，既要能够会通，又要能够区分，区分完了，你不要太死板，以为真的就可以这样分开吗？分不开，其实都是一种方便，让所有的东西能够有一个相对的框架，把它组织起来。

我们下面讨论一个话题，叫“内在顾虑与外在顾虑”。我们整个的讨论就是围绕修行人在道上，应该怎样来为人处事，怎样处理生活中的各种情况，这样一个话题。

什么是外在顾虑？外在顾虑是顾虑我们所面对的各种人和事。我们生活在这个世界上，要跟各种人、事、物打交道，我们要考虑到这些情况，要能够正确地处理它们。如果没有这些外在顾虑，我们修行人就不能很好地处理事情，在别人看起来就觉得你修傻了。我们在社会上也好，在任何一个环境中，都要能正确处理自己与别人的关系，要找到自己的位置，要演好自己的角色，这是外在顾虑。内在顾虑是什么？内在顾虑实质上没有外在事情上的必要，但是我们内心一直在操心某些东西，我们心灵里面有很多的牵挂、很多的心理负担与不必要的烦恼，这是内在顾虑。

对于一个修道的人来说，我们要做到的是，我们内在不顾虑，在我们心灵的内在世界里面，没有任何顾虑，了无牵挂，能够随时放下一切。心里面常常空空如也，不顾虑，不随着外在的世界、外面的影响而起舞，不认同自己的社会角色，不把这些外在的角色当真，不随境转，无牵无挂。不内在顾虑，这是修行的境界；但是一个好的修行人，要恒常地做好外在顾虑，要有意识地去扮演好自己的角色，当好一个演员。

你不要说我修行了，我就不会与人打交道了。你答应了帮人家订机票，你说“哎呀，我是修行人，答应了可以不算数，我一打坐什么都忘了，你别找我”，那你没法在日常生活里面过正常人的生活。外在要遵循游戏规则，要处理好各种事情，你的责任，你的义务，该完成的要去完成。你跟人家签好的合同要履行责任，你答应人家做的事情要做完。

为人父、为人母、为人子、为人女，都有它的角色要去扮演，不能因为我修道了，就找到了借口："一切都是无常、空的，我管不了！"你该尽孝时要尽孝啊！不能不管父母；你有儿女，得养育子女。你说我修行了，看破了，放下了，你放下了什么？你把别人放下了，你自己没放下。所以我们很多人就是颠倒！什么叫颠倒呢？他自己内心里一天到晚在顾虑这顾虑那，算计来算计去，解决不了，烦恼不断，外在也不好好顾虑，然后找个借口，我是修行人，不管这些俗事！

这就是很多人，修行走偏了，就是这个样子。这种人社会上也活得不好，好像看起来像个修行人，什么都放下似的，说话也不算数，不能担当自己的角色，做一个好的演员。你做老师的不好好教书，做公务员的不好好干你自己的工作，拿修行当借口，说一切都是空的、无常的，我们不要再好好干了，这是不行的。

修行人的正确的态度，不是说我们要达到多高的境界，是内心的无牵挂，但是要考虑到别人，考虑到环境，该做什么就去做什么，但心不动，事情该做好的要做好，这是每个人的一个责任和义务。

这个就是儒家的法则，做人就是做人嘛，你现在还没成佛呢，你就不做人了！人都没做好，你还想成佛，最后啥也成不了。乱成一团了，家里矛盾一大堆，解决不了，修行人往往就是这个样子，家里关系搞乱了，同事关系搞乱了，朋友关系搞乱了，最后怎么修？修不了，被外在生活搞得一塌糊涂。

要记住，我们有一种智慧的观照，所以我们能够放下。从本质上来说，一切都是无常的，都是不值得我们去真正执着的；但是我们人与人之间、人与社会之间都是有责任、有义务的，是需要我们去顾虑的。你要为社会做贡献，社会养育你；你要给家庭做贡献，家庭也是你的港湾。所以这里有很多关系要处理，在处理这些关系的时候，你要有一种更觉知、更有意识的态度去承担起自己的责任，更有意识地去扮演好自己的角色。

这样的话，修道的人在社会上就不会被人家看不起，不会被人看扁了；就不会让人家以为，你好像是个异类，学歪了。所以我们讲的修道，是正当光明的，是积极向上的，是作为一个人的修养、智慧的综合提升，是让你的内在生活和外在生活都迈向圆满，而不是让你修行修得乱七八糟，家里的卫生也不搞，啥也不做。最后你还是要回到这个生活中来！有的人修行了反而有一大堆烦恼，他瞧不起别人，说别人是俗人，然后他自以为自己不俗；在别人眼里呢，他是一个怪人，是一个更俗的人。

30　众生一体的真相

在处理人与人之间的关系的时候，其实还是我们前面讲的，怎么样破除自我中心主义，怎么样认识到众生一体的关系的问题，要焕发出自己内心里的良知和爱心。

社会上有各种各样的问题，要解决这些问题，需要从很多层面去解决，但是人心的问题，一直是根本的问题。要端正人心，净化心灵，让每一个人认识到众生一体的真相，认识到我们所执着的自我是虚幻的，是一种错误的执着，能够放下自我的执着，体谅别人，能够从自我中心的立场，转变成能够顾及他者、对方的立场，进一步，我们能站在整体的立场来看问题。

处理任何一个矛盾、一个问题，我们有三种视角：一个是自我中心主义的视角；一个是站在对方的角度来看问题；一个是站在整体的角度来看问题。最高的是站在整体的角度来看问题。

站在自我的角度来看问题，一定会有很多的矛盾；每个人都以自己为中心，那就是一个斗争的世界。能够顾及对方的利益，从对方的角度出发，来考虑问题，这就比较能达成人际关系的和谐，但最终你要有一个整体的视角，超越个体、超越单方面的立场，让这成为你处理问题的根本立场。

好比一个企业，假如每一个企业的老板都希望员工为企业做贡献，为老板干事情，要求这个要求那个，站在企业老板的立场上来要求员工，那反过来呢，员工也会从自己的立场上考虑，你给我多少待遇，给我多少报酬，甚至只考虑自己的利益。这样的企业，它是没有生机的，员工干活都是三心二意的，都不认真干，都是考虑自己的。对于老板来说，他能不能站在对方的立场上来看问题，让员工干活不仅是为老板干，也是为自己干，为他自己的利益，让员工在这个企业生存的时候，有他自己的发展空间。老板考虑到员工的利益，员工也会更好地为这个企业服务。最终不管是老板还是员工，都能从一个整体的角度来考虑问题，超越单方面的立场，这样的企业就生机勃勃、充满活力。

要化对抗状态为和谐状态，双方同化到一起，跟对方去相沟通、相统一，这是一个智慧的方向。不仅人与人之间的关系是如此，我们对待自己身体里面的问题、我们的疾病也是这样。

我们的生命是一个整体。当我们身体里面出现某种病变，或者某种疾病的时候，我们最常用的一种态度，就是把这种疾病跟自己对立。要把它根治掉，要跟它对抗，就像我们现在很多对抗疗法，化疗、切除，跟它作对。但是很多的癌症，用现在所谓的西医的方法去治疗、去对抗的时候，其实没有胜利者！当你把癌症细胞切除，对抗完了的时候，你的生命也差不多到尽头了，健康的部分也除得差不多了——两者同归于尽。你不去做这个化疗，不去切除，可能还能活得更长、更好一点。有很多的癌症治疗者，其实最终结果都是一样，病没有治好，医院利用你这病，自己捞了一笔；病人通过治疗没有得到任何东西，反而是增加了很多的痛苦。

其实有很多病，我们可以换一个思路。假如这个病也是一个信息体，它也有它自己的生命，我们跟它对抗，它必然也要跟我们对抗，这就是相互对抗的状态。如果我能够用爱心对待它，与它同化，我不把它当作一个问题，我关心它——这个腿最近怎么会疼？怎么疼了？——爱护它，抚摸它，跟它对话。你有什么意见？有什么问题？咱们慢慢商量解决。跟它在一起交朋友，把它当作朋友一样看待它，同化它，不去对抗，不去排斥它。

就像我们练功的时候，我们腿疼了，腿疼了就一定让它不疼吗？不要去这样做。腿疼了就是它该腿痛的时候，到时候要腿痛了，这是正常情况。与痛苦对抗，这才是真痛苦！我们不要去努力想达到不疼的境界，这是没有用的，是增加压力，浪费能量。我们要去感受这个疼痛，接受这个疼痛，承认这个腿的疼痛，跟这个疼痛在一起，跟疼痛共存。不去跟它对抗，要融化它。当你接受痛苦的时候，那个痛苦已经变得轻微多了。

很多的疾病，当你以这种态度对待它的时候，它身体里那个纠结，慢慢就会解开，它可能就不药而愈了。这个病变本来是一个对抗的信息体，它正跟你对抗呢！结果呢，你跟它这么友好，它觉得没意思，它找不到敌人，你做到了“不战而屈人之兵”。它会觉得既然你不是我的敌人，我也没有必要跟你对抗了。一开始，它以为你跟它作对，它也跟你作对。结果一看，你成为它的朋友，你把它当朋友，那既然是朋友，它就没有必要再跟你对抗下去了。

再比如在我们生命当中，有很大的情绪和欲望。修炼的人怎么办？一个很简单的逻辑就是，我们要排除欲望，排除情绪，要去掉它；但是很多修炼的人，费了九牛二虎之力，也排除不了，对付不了。脾气越来越大，欲望越来愈严重，拼命压抑自己，对抗自己，结果一天到晚，自己在跟自己作斗争。那最后，你肯定是一个苦命的人，因为你生命中有那么多问题要去打架，要对抗这个，要对抗那个。

包括我们有的修道人要对抗自己身体的欲望，“哎呀！我们修行要达到更高的境界，要超越欲望”，然后拼命地跟它对抗。但是这种思路，简单对抗的道路，是走不通的。越压抑，对方就会越反抗，压抑对抗的后果，就是一种变态。一个欲望，你压抑它、控制它的时候，它就会以一种别的渠道发展下去，就形成变态。实在是压不住了，那很可能走到另外一个极端——放纵，反正也解决不了，就开始放纵。那你放纵了，你就是地地道道的凡夫，你永远走不上真正的灵性的道路。

对待各种问题、各种欲望，我们可以有三种境界：

一种是因位的凡夫，凡夫俗子、没有智慧的人，他不是压抑就是放纵，总是在摇摆。压抑到一定程度以后，它就放纵；放纵过度后，他又开始自己压抑。就像一个钟摆一样，来来回回地摇摆，跳不出这种轮回的怪圈。

第二种是在道位上的修行人，在修行的路上，怎么办？不是去对抗，不是去压抑，也不是去放纵，而是用一种方法去转化它。转化了以后，你就不再需要压抑，不再需要放纵，而是把它提升为一种新的能量，来滋润你的生命，滋养你的生命。

通过转化，最后达到一个果位的境界是什么？就是超越。什么是超越？超越绝对不是硬性地去控制、去排除它，那不叫超越。你把小孩子的玩具藏起来，不让他玩，这不叫超越。那小孩子的心里面一直惦记着，他虽然不再玩了，但他心里面一直在想着它。梦里还一直在想着这个玩具。超越是通过经历，通过转化，达到了更高的理解、更高的境界，而自然地到了一种新的境界。当你的心彻底超越了欲望，超越了头脑的分别，超越了自我的执着，生命就会有真正的幸福与自由。

我们生命中有很多能量的浪费，在我们与各种问题打交道、对抗的时候，我们已经浪费了大量的能量。还有很多能量浪费的表现和现象，比如说我们坐着的时候，站着的时候，我们会有很多无意识的动作，无意义的、不自觉的肌肉紧张，没有放松。这种肌肉紧张和无意识的动作，其实也已经是在消耗能量。我们有各种不必要的情绪、不必要的感觉、不必要的心情的变化、不愉快的情绪，它也是在浪费能量。我们不停地在作内在的谈话，自己跟自己对话，做白日梦，不断地幻想，这也是一种能量的耗散。我们不由自主的不断流动的这种思绪杂念，这种自动的联想，像机器一样的联想，这也是一种浪费。每一个杂念、每一个妄想、每一个烦恼，它都带着能量，说到底，都是一种能量的浪费。

如何才能在生活当中，让我们的生命活出那种能量充沛的、充满喜悦的状态？我们必须有一种灵性生活的品质，让修行的境界稳固下来成为某种结晶、某种成果。

31　灵性生活的品质与成果

我想提醒大家，我们常常有一种印象，好像修行是一件很严肃的事情——我们要摆脱生死轮回呀！要脱离苦海呀！好像要弄得愁眉苦脸，很紧张、很严肃，但这种严肃是没有必要的。如果相信有轮回，如果要真正地超越轮回，绝对不是靠这种愁眉苦脸、靠这种担忧能够解决的。是的，思维轮回苦痛可以在某种意义上增强我们的道心，从而精进修行；但这种对轮回的恐惧和担忧本身没有意义，只会加深你的轮回。恐惧本身是没有意义的。

要超越轮回，要达到解脱，最终是要唤醒你的灵性，唤醒你的觉性，带着你的灵性、你的觉性去生活。这种生活是完全地生活在当下，生活在此时此地，而不是去粘连过去、粘连未来，是全能地享受当下生活的一切。

这是灵性生活的品质，它是一种庆祝的状态，一种游戏的心态。为什么庆祝？因为一切不可得，不可失，诸法如如，本自如此。我们得不到什么，也失去不了什么，生命来到这个世界上，就是一场欢庆。

我们要欢庆我们来到这个世界上，本来这个世界上可以没有我，既然来了，我参与了宇宙的这个大游戏，我就要跟它一起生活。要把生活看成是一场“庆典”，而不是一场“赛跑”。

我们大多数人是把生活看成一种赛跑，今天跟这个比，明天跟那个比，总想跑到别人的前面去，永远盯着未来某个目标去生活，而把当下的生活作为一个手段、一个工具，去换取将来的某一个目标。这样的生活就是错过了生活，错过了真实的生活，它不是灵性的生活。

灵性的生活是享受每一个当下，而不是为了要完成一个目标。我们不为目标而活。在我们全然地享受当下、庆祝地生活在当下的时候，我们所要达到的目标，是一个自然的发生，是一个自动的来临，而不是一个劲地去追寻。

当你带着这样欢庆的生活态度，带着游戏的生活品质的时候，你就不用严肃，不用太认真，不会为很多小事情、小得失所挂碍，这样，你也就没有很多能量的浪费。

灵性生活的另外一个原则，就是要成为独一无二的自己。每一个生命，都有自己独特的因缘，你无法去跟任何一个人相比。别人所要过的生活，别人所要的东西，不是你想要的、你所要过的。你有你的位置，你有你的天性，你有你的潜能，你要去活出自己的天性，活出自己的潜能。你不是要去成为别人的工具，去完成别人的天命，去完成别人的期望。当你一直都活在别人的期望之中，把别人的期望加在自己身上，你的生活就会很沉重。

但是要注意我们不是说不要责任，不要义务。我们前面已经讲过，要外在顾虑，要处理好自己的位置，完成好自己的责任；但更重要的是要完成自己的天命，要活出自己生命的风采。只有真正地活出你自己的喜悦，你才能真正地去帮助别人，利益社会。如果你的生活本身是一场痛苦，你说要去帮助别人，那么你只能给别人带来痛苦。

所有的烦恼、所有的痛苦、所有的能量的浪费，从根子上来说，是由于我们的认同——我们忘掉了空性，忘掉了万事万物本自性空、不可得——我们认同于外界，把外界当成是真实的；我们认同于自己的身体；我们认同于自己的情绪和感受，把它当成自己了；我们认同于自己的思想、自己的心情。这种种认同，使我们遮蔽了灵性的光华；种种盲目的认同，使我们制造了忧郁，制造了束缚。这样我们的本心、本性就被遮蔽了，心为物转，心为境转，所以才成了凡夫俗子。

当我们超越了对外境的认同、对身体的认同、对思想的认同，这个时候你真正的主人公才会现前，你才会有明觉，才会有觉性。

在寻求修道的智慧，追求人生最高境界的旅途之中，我们修道到底会达到什么成果，达到什么阶位，这是很多人关心的问题，也是我们要讨论的一个重要的主题，所以下面我们来谈一下修道的阶位和次第的问题。

在谈到修道阶位和修道次第的时候，我们还要记得前面谈到的因位、道位和果位这“三位”。这也是一个很重要的模型，任何事情的发展都有三个阶位：在因位是什么样子？在道位是什么样子？在果位是什么样子？

前面我们讲了“正见”的重要性，对因位修道的人来说，正见是最重要的；对道位上的修行者来说，“正受”是最重要的。

什么是正受？就是在你修道的过程当中，你所得到的感受、体会、觉受是正确的、正向的。如果你的修道是走在正确的道路上，你就一定会有正受。如果你没有正受，只有别的“受”，甚至是“邪受”，这说明你修道已经偏离了正确的轨道。

正受是正确的觉受，修行的路上哪些觉受是和正道相应的呢？我们可以说当你的修行走在正确的道路上的时候，你会有以下的生活品质、以下的觉受：

首先，就是你的觉知能力，你的清晰度的成长，不是越练越糊涂；那些修行越修越糊涂的人是走歪了。因为随着你觉知的增长、你觉性的开启，你会有更敏锐的观察力，有一种更清晰的分析能力，你是走向更智慧、更清晰的状态。所以你要是看到哪个修行人修得稀里糊涂的，越修越糊涂，这就走歪了，这不是越修越清醒的道路，而是越修越糊涂、越昏沉的道路。

其次，修行越来越清晰的同时，也会越来越敏感，越来越感觉到跟万物的相通性，而不是麻木不仁。如果一个人修行修得麻木不仁，旁边有水龙头漏水，他说我修行人管这么多闲事干吗？这跟我有什么关系？我要解脱轮回！这种态度不是修行人的态度。你不要说这个人境界很高，外面杀人放火，他一点都不关心；这是麻木不仁，是儒家讲的“不仁”。

为什么是不仁呢？他不知道自己跟众生是一体的，跟万物是一体的，他还是把自己当作一个独立的个体，这不是自我执着吗？

实际上你跟这个世界是统一的，外面着火了，跟你是有关系的，不是和你没有关系。

有了正确的、真正的修行，会使你越来越体验到你跟万物的相关性、一体性。这种相关性、一体性，就会焕发出一种情感，就是慈悲的情感，你会变得善良而富有爱心，因为你发自内心地感觉到，你跟众生不是分开的。这个时候，不杀生就不是一条外部的戒律，而是你内心对自己的要求。不是因为佛教规定我们不杀生，我们才不杀生，那可以说是守戒的最低的一个层次、最低的一个阶段；一个修行人，他的慈悲心增长以后，他是不需要别人来告知他不杀生的，他是没法杀生的，因为他感觉到自己跟其他生命的一体性。我杀一只动物，不仅仅是杀一只动物，这也是杀自己，这是一个生命的陨落，他是下不了手的，不忍心。

这些都是正确的觉受。还有，当你在一定程度上进入定慧之境的时候，你会享受到一种喜悦，这是必然的。如果说一个修行人修了几十年，他从来没体验过喜悦的境界，修得愁眉苦脸、烦恼不断，这肯定是没上道、没上正路。

我们前面已经讲过，修行所说的喜悦，不是从外而来，不是因为得到某个东西，不是因为寄托在某个对象上面，而是在我们正确地修行的道路上，我们唤醒了觉性，体验到觉性的浩瀚与宁静，它本质上就带着喜悦。你越是能够入静，越是能够开智慧，你的心就会越来越解开，越来越开阔，越来越开放。这种喜悦超越了人世间的种种快乐，它不是因为某种刺激而带来的暂时的快乐，而是某种融入宇宙大海、融入法身、融入法界的喜悦。

走在正确修行的道路上，你的身心会越来越和谐，而不是越来越分裂。

这是我们讲的道位上的觉受，按照正确的方法去修行，你就会有正受。到了果位上，你就会有“正觉”，真正的觉悟。

果位上的正觉，体验到生命的真正的存在，唤醒了你生命的真正的主人，你觉醒了，你能够破除自我中心主义，而回归到“道”里面去，回归到“空性”里面去，回归到“法身”里面去。这个时候，充满觉性，充满能量，充满喜悦，充满存在，这是你觉醒的存在状态里自然而然地具足的品质。

这是我们从一个角度来谈修行阶位的问题：因位的凡夫，最重要的是正见；修行的道路上，最重要的是要有正受；果位上最重要的是要有正觉。

在讲到修道的次第和阶位这个主题的时候，我们还可以讲几种模型。

比如说我们虽然说要证悟觉性，但是这里面还可以有“分证”和“圆证”的区别。分证就是一分一分的、一部分的证悟，圆证就是圆满的证悟。关于分证与圆证的问题，天台宗的“六即佛”是一个很好的理论模型，用来区分觉悟的分证和圆证的水平。

什么是六即佛？我们每个人都有佛性，从理性上来说，每个人都是佛，这叫“理即佛”，理论上的佛。理即佛是每个人都有的，从凡夫就开始有了，但是众生迷执，根本就不知道，不了解。后来通过听闻佛法，听闻道法，听闻智慧，你知道了自己有个佛性，这个时候，我们把它叫作“名字即佛”。知道佛的名字、名号了，这比前面的理即佛提高了一层，就是不仅仅是理性的佛，还知道这个名字了，听闻了这个名号了。第三个境界叫“观想即佛”，你知道自己有佛性，也知道佛性的名号，那么你开始观想，焕发、唤醒自己的佛性，这在修道位上叫“观想境界”。通过你的观想，佛性开始呈现出差不多的样子，这是“相似即佛”，佛性还没有完全体现，但已经有差不多的样子。再往前走，叫“分真即佛”，分真即佛是已经完整地体验了佛性，但是这个佛性还没有相续，还不能够随时随地地呈现出来，所以还要一步一步地去实证。到最后就是“究竟即佛”，究竟即佛就是真正地成佛了，佛性完全地体现出来了，每一个时刻都有，不再会丢掉，不再会丢失，这是究竟即佛。

我们还可以讲修道阶位的另外一个方面，就是“浅证”和“深证”的问题。同样一个境界我们有浅证，初步地、肤浅地体证了一下；还有深入地体证的境界。

从浅到深，在佛教里面，也有不同的概括，不同的理论模型。比如说，“闻、思、修”，这是三个次第。第一步我们是“闻”，是听闻佛法的阶段，听闻法师大德给你开示。在听闻的过程当中，你通过“正思维”慢慢形成自己的见地，并进入“实修”的阶段。

“闻、思、修”是一种次第，“戒、定、慧”也是一种次第。最开始要“戒”，持戒是在行动上给你一个规范，这是最初步的。戒律就好像是一堵墙，把你圈起来，不让你去做坏事。那么筑了墙以后，就在这个墙的保护下进一步发菩提心，下菩提种子，并开始修定。定是什么呢？定就像是给那个菩提种子浇水施肥。通过修定的过程，最后你得智慧了，就是菩提花开了。智慧是花，定是肥料，戒律是围墙，菩提心是种子，这是一种次第。

我们也讲“信、愿、行”，这也是一个次第，你开始听了以后进入了信的阶段；有了信以后，你开始发愿；发了愿以后，你开始修行。我们也说“信、解、行、证”这四个次第，信了以后去理解，有了见地开始修行，最后到了证悟、证果的阶段。这都是佛教所讲的一些修行次第的问题。

32　一切都是，一切都好

今天下午最后一场实修课，现在我要给大家传“大法”。按照前面讲的“逆行次第”，现在我们要传最高境界的法，同时也能贯通下面诸层的法。我们这个法也可以叫“大圆满”，但是大家不要误会，我现在不是讲藏传佛教宁玛派的大圆满教法。我没有密宗大圆满的传承，我也不是讲他们的法，我是借用“大圆满”这个词义讲一种修法。大家以后不要去误传了，不要说我在传大圆满，我不是大圆满的上师。但是我现在讲这个法，跟藏传佛教的大圆满法可能会有某种内在的联系。因为我们这也是最高的法，大圆满也是最高的法，禅宗也是最高的法，最高的法最后都是相通的。

我传的这个大圆满的法，有个八字口诀。我们前面实修部分讲过“无”字心法，下面我要把这个口诀传给大家：“一切都是，一切都好。”大家跟着我念两遍：一切都是，一切都好；一切都是，一切都好。这个口诀作为你心里面的一个拐杖记着它，希望它能够伴你一生，也是我对你们的祝福！

下面我要对这个口诀做一个引导，做一个解说。你们一边修炼，一边宁静地倾听，跟着我的导引走，来进入那个“一切都是，一切都好”的大圆满境界。

首先我要讲一个概念：什么叫“完美”？什么叫“完整”？

所谓的完美，相对于不完美才有完美，它是二元相对的。A 条件不够完美，B 条件相对完美些，它是一个比较的结果。我们追求一种完美的境界，是从一个 A 对象到一个更完美的 B 对象这样一个变化的过程。所以人生追求完美没有止境，永远不能说你什么时候足够完美。这是完美，它是相对的。

那我们这个功法修的不是完美，修的是完整。什么是完整？完整是超越二元对立的超越状态，没有对待：不是和“下”相对待的“上”，不是和“低”相对待的“高”，不是和“不完美”相对待的那个“完美”，不是和“缺憾”相对待的那个“圆满”……完整讲的是超越对待，没有欲求，没有挂碍，这是一个整体的世界。

这个整体的世界，包含着所有的高和低，所有的缺憾、所有的圆满都在里面。这个所谓的完整是真正的圆满，是大圆满，是真正的无限，它不跟有限相对，它超越并包容了一切。它不跟缺憾相对，它是包容、超越了所有的缺憾，所以这是一种完整的、全然的状态。

我们不是认为现在的状态有什么问题，要移到另外一个地方去；这个状态没有任何的移动，没有纤毫的移动。当下是什么就是什么，完整地接受当下的一切。

所以我们讲的“一切都是”，这个“一切”是真正的一切，没有例外。不是说我什么都好，但是我还有“什么什么”缺憾……那个你觉得是缺憾的“什么什么”也“都是”！你一说“但是”就意味着还有某个“不是”，“一切都是”里没有“但是”，只有“一切”。

全法界的法，每一个法都法住法位，在它自己的位置上当下解脱。整个法界没有增减，没有垢净，没有生灭，这是一个广大的法界。所有的佛菩萨、所有的众生都在法界之中——法界无圣凡；所有的得、所有的失都在法界之中——法界无得失；所有的生、所有的灭都在法界之中——法界无生灭；所有的增、所有的减都在法界之中——法界无增减。

我们讲的一切都是，就是所有的万法都是如如自如，如其所是地存在，诸法的本来样子就是这样。我们这里不是修戒，也不是修定，也不是修慧，戒定慧全在其中。当一切都是的时候，你还要戒什么？当一切都好的时候，你还要戒什么？没有什么定，也没有什么不定，一切都在里面。你不可能不定，全在定中。也没有什么慧不慧。一切都是，一切都好，没有什么在此之外。

我们现在讲的是果位的悟道法，是直取无上正等正觉。法界中全法界每一点都恰到好处，不需要有任何的移动，这才是无上正等正觉。“等”，每一个空间点都是平等的，每一个时间点也都是平等的，过去的佛、现在的佛、未来的佛，都在他自己的位置上安住。

我们是全然的肯定，没有一点的否定，因为那个否定的自我已经不存在了。当我们有自我的时候，我们才容易以否定的概念来突出自己。当我们全然说“是”，对生命说“是”的时候，自我就没有了，因为你接受了一切，融入了一切，进入了存在。

这个“是”在英文里面就叫 being，就是一切都是存在，所有的存在者都是存在，同时也是 yes，就是我们对一切都是的全然的接受的态度、臣服的态度。整个法界用佛学的词来说，这个“是”就是“如，如是，如如”，诸法如其本来地存在。

好不是好坏的好，一切都好就是我们的心融入了这个世界的大海里面，它没有好坏的区别，是终极的好，是“至善”，是终极的和谐，不是我们的小我去判断一个事情好不好的问题，而是整个世界本就是一个圆满、自足的整体，我们看的不好的事情，在整个大圆满里面都是好的，所有的缺憾都是圆满的，超越了好和坏，是至善。

“一切都是，一切都好”不是一个选择，不是一个判断，不是头脑的一个分别，是一种领悟！一种境界！是对诸法实相的领悟，整个世界，整个法界，本来就超出了我们个人的头脑的分别心，它们都如其所是地存在，本来就是圆满地存在，可是我们的小我、我们的头脑不断地在分别、选择“这个、那个”，这就离开了一切都是的海洋。

一切都是就是那个法身的海洋，里面包含了一切，所以没有什么是，也没有什么不是，这是一个相对的、方便的表达，它超越了是和不是，它是全然的是，是那个完整的世界，而不是追求完美的世界。一切都好也是一样，它不是好坏之好，不是某一个事实的判断，比如说这个事情好不好，不是在那个相对的狭隘的范畴里面判断，而是一种领悟，领悟了一切法本来就是如此，本来就不是我们的意志去判断的那个结果，一切发生的，就是法界该发生的，一切没有发生的，就是法界不该发生的，在整个法界的海洋当中，没有什么好，没有什么不好，全然地接受，无二无别，这就是一切都好。

所以它是一种觉悟，一种庆祝，一种领悟，一种大圆满的心法，它让你提升，让你从小小的自我世界里面提升出来，进入那个广阔的天地，在那个天地里面，就是全然地无分别，全然地接受，全然地存在，全然地喜悦，也就是觉悟大圆满的境界。

现在我们就体会这个境界。你不要再去排斥任何东西，否定任何东西，当下一切都是，一切都好。在此安住。如果你已经体验过这个大圆满的境界，就安住在里面。如果你没有体验到，不知道是怎么回事而起了杂念，起了妄念，那你就回到"一切都是，一切都好"的口诀上来。把这个作为你的"所缘"，练功的窍门、拐杖。要不断地回来，回到这个一切都是的境界上来。

全宇宙全法界的法，全部恰到好处，各安其位，法住法位，各如其如，本来解脱，本来清净。毫不费力，不需要你去做任何事情，当下安住。

这个大圆满既是本体，也是功夫，也是境界。整个世界都是它，功夫也是它，境界也是它，本体也是它。把你的小我放掉，没有这个"我"，只有这个整体的法界。

前面我们讲要"不昏沉、不散乱"，现在我们这个大法里面，昏沉也是它，散乱也是它，不是去寻求不昏沉、不散乱，而是没有昏沉、没有散乱！根本就没有昏沉，没有我哪有昏沉？哪有散乱？只有法界，这就是佛的境界。如果你是法器，你的根基够了，你就一门深入，直接就成佛了。

既然一切都是，所以身体里面的任何一个状态都是，不要挂碍它。放掉什么舒服啊，不舒服啊，这里疼啊，那里疼啊，都不要管它——都是！什么能量丢失啊，不可能失去！无得无失，丢从何来？身体里面的每一个细胞也都恰到好处，你的每一个器官、每一个组织也都恰到好处——都好！不动它，不变化它，不移动它，不移动一分一毫，当下是怎么样就是怎么样，如如不动。

放下！现在全身都通了，希望你们都得到了这个心法。不要移动，一切都是，安住。要彻底体会一切都是、一切都好的境界，没有什么放不下的，没有什么化不开的，当下的一切本来就是圆满的境界。

从你的身体开始，每一个细胞都恰到好处，一直到整个法界都恰到好处，所以不需要去挂碍任何的东西。觉性在哪里？还要另外去找吗？当下存在的一切都是觉性，不是到别的地方去寻找。

所以我讲的大圆满的心法，不光是练功的时候可以用，生活的时候也要用。从最高的觉悟境界来看，生活中所有的一切，你认为有问题，是你站在人类中心的立场上来看才有问题；站在法界整体的立场来看，没有问题。超越你自己，接受一切，融化一切。现在你的自我已经被融化了，然后你才能领略到那个无我的法界、无我的整体、无我的道。

忘掉时间！当你一有时间相的时候，就已经不在整体法界当中了。因为所有的过去、所有的未来和所有的现在都在这个法界当中，一切都是。在一切都是的境界里面，没有时间相，没有空间相，你还有这里和那里的分别吗？因为一切都是嘛！你还有过去和未来的分别吗？时间没有了，都在整体当中，要说有时间，就是永恒的当下；空间没有了，要说有空间，就是永恒的当体。这个时候，这个地方就是一切。

不要想你已经站了多久了，不要期待什么。腿疼了、腿麻了，接受它，一切都好，让它麻一下又有何妨？不管你身体里面出现任何的感觉、任何的反应，接受它，不跟它对抗。不管你思想上出现任何的念头，接受它，它也是整体的一部分。在这个整体里面，没有得到什么，也没有失去什么。

好，开始慢慢地回来。从整个世界、整体法界中，慢慢回到你自己。在无限的空无当中，你自己的形象慢慢出现，回到了这个世界。刚才我们已经进入了一趟真正的灵性之旅，进入了法界，体验到佛的法身，体验到无上正等正觉，现在慢慢地回来，从法身回到你的报身。法身无相，一切都是，你的报身还是有相的，回到你这个人身上来。

开始慢慢收功，从无限大的宇宙慢慢回归你自己。双手展开，从无限的宇宙包下来，沿着你的中脉回归丹田。记住你是一个佛，别忘掉，带着你的佛在世界上生活。

这跟净土有区别吗？我们创造了自己的净土，创造了我们的佛境。我们每一个人，都是一个佛，带着佛的境界生活在这个世界上，这就是我们所要达到的灵性生活。

33 修行人的归宿在哪里

最后一堂课，人数好像少了点？法界不增不减，可是人数有增减啊！有人告诉我，这些人是专门来求大圆满法的，听完就走了；只有你们这些根器不够的人，还留在这里！（众笑）下次上课我一上来，就传最高的法，再往下传次一级的法。我在这一上坐，“啪”地一下就走啦。下面的人再来请我上课：“咦，老师你怎么走了？”我就说：“法已经传完了。你们根器不够，就再讲一讲吧！”这样从高往低传，逆行次第。

我们前面讲的这个大圆满法，虽然不是宁玛派的，但是我读过很多宁玛派上师的教法，这其中也有某种传承在。

在讲宗教学那部分的时候，我们讲到不同的传承。有形式上的法脉传承，比如天台宗第几代法脉，给你一张记录源流、盖了印章的法纸，传给下一代，说你是第 48 代、49 代，这是一种传承。这个传承代表的是一种象征，跟盖章一样，一个章接一个章地盖下去，有这么一个法脉的传承，但这个传承是外层的。

内层的传承是心法的传承，不是说我是临济宗多少多少代法脉，但是光有这个纸上的传承，我没有得到临济宗的心法，没有开悟，那还不是真正的传承。像云门宗有很多禅师，他从某一个祖师那儿相应了、悟道了，但是他没有经过实际的接触，实际上跟他没有什么关系，是心法相应，他就继承这个祖师的法脉，就是得到了心法的传承，就是把自己接上了这个宗派的法脉。

像虚云老和尚，他把禅宗五宗的法脉全都接收过来，传承下去，不忍心让它断掉。但虚云大师跟那五个宗派都学过禅，并不是说在这一生当中有着实际的传承关系，而是虚云老和尚自己开悟以后，他知道禅宗的心法以后，他把它们接续过来，再传下去。现在很多的禅宗法脉都是从虚云大师那儿传承下来的。

从这种纸上的传承来说，我跟密宗大圆满上师没有什么关系。如果说有关系，这就是心法的关系，因为诸法的实相或者真理无二，不可能有两个。诸佛觉悟的境界，心心相印，也不可能有两个。除非是没到家，其境界就有区别；到了家以后，不是禅宗比大圆满低或是大圆满比禅宗低，没有这个问题，只有你觉悟到什么程度的问题，证悟到什么程度的问题。

我们不去讲这个外相、外层的传承，不是传佛教的大圆满，是借用大圆满这个词讲一种心法。但这个心法呢，实际上综合了丹道，综合了禅宗，综合了密宗的大手印和大圆满，它们所有的境界都在里面。

在最后这一堂课里，我们来讲一讲，我们修行人的归宿在哪里，这是我们很关注的问题。我们修行到底想干什么？说成佛，我也不能保证这一生就成佛，什么叫成佛？成佛意味着什么？如果有轮回，有生命轮回，我怎么修行才能解脱？我下一辈子会怎样？这些问题是每个修行人都很关切或者都想解决的问题。

按照我们刚才讲的大圆满的心法来说，修行没有一个固定的归宿，不是将来归到什么地方去。我们生不离这个大圆满，死也不离这个大圆满，生于法界死于法界，而法界本身无得无失，本自圆满。我们不是要等待将来的某一个时刻，才去解脱生死，而是在当下了脱生死。

所以关于修行的归宿，我送大家一句话，这个我在《灵性的奥秘》里也谈到过。家在哪里？“家园在道路上”；解脱在哪里？“解脱在当下里”。这代表着我们对解脱的理解，我们要记住这一句话，我们的心就会有安顿，就不再有迷茫与迷惑。

我们不是在未来去寻找一个家园，而是我们走到哪里，哪里就是我的家；我们不是通过修行要到什么地方去，而是修行的当下，就安顿了我们心灵的家园。我们不是在未来某个时段去寻求解脱，当我们在未来寻求解脱的时候，这种时间相就会把我们引领到业力的迷雾之中。我们要破时间相，根本就没有未来！所有的过去、所有的现在、所有的未来，都在这个大圆满之中，在大圆满永恒的当下之中。

在这个大圆满的境界里面，除了此时此地，没有别的地方可以去，我们永远是活在此时此地。这里所讲的此时此地，就不再是过去、现在、未来这时间三相里面的现在相，不要搞错了。不是说没有过去、没有未来，我们就永远只有现在；这种与过去、未来分开对立的现在，不是我们讲的此时此地。我们讲的这个此时此地，或者讲永恒的当下，是超越时间相，没有过去、没有现在、没有未来的分别，它是一个圆的。

我们之所以会感觉到有时间，是因为我们有头脑的分别，有分别心以后，才会有过去、现在、未来。在无分别心的境界里面，过去、现在、未来不存在，只有统一的这个当下，而这个当下没有时间相。这个当下永不过去，永不走向未来，就是这个当下，它是个永恒。

这里讲的是“永恒”，不是“永久”，不是很长很长的时间才是永恒，永恒是从这个时间维度里面突破。如果我们把时间看作一条线的话，很长很长的线叫永久，我们要活得永久，像道家炼丹，要长生不老，在这个时间相里面追求长生不老；但是我们是从时间相里往上突破，是条垂直线，是跳出时间相达到一个永恒的维度。

什么是永恒的维度？刚才讲的大圆满，就是永恒的维度。这个整体法界，没有时间相，个别的事物有过去、有现在、有未来，但是那个大圆满的境界，那个法界的整体没有过去、没有现在、没有未来。为什么？因为整个法界就包含所有的过去、现在和所有的未来。对法界本身来说，它怎么会有过去、现在与未来？如果有过去的法界、现在的法界、未来的法界，那这个法界又分开了，那就不是整体的法界。整体的法界，圆满的法界，它一定是没有时间相的。站在我们人的立场，站在我们头脑的立场来看，有时间相，有空间相，有这里、有那里；但是站在法界整体大圆满的角度就没有时间相，没有空间相。因为这里那里，所有的地方都是它，都是法界。只有对于某一个部分的事物来说，我们才可以讲时间相，才可以讲空间相，对全体来说，对道来说，我们不能用时间去规范它，不能以空间去规范它。

解脱的境界在哪里？就在这个没有时间相、没有空间相的永恒的当下，我们解脱在这里，我们安顿在这里。破了时间相，我们还去求未来的解脱吗？在道上的每一步，我们都找到了精神的家园。我们往内找，往深处找，不在时间这条线上去找，而在永恒这条线上去找。在这个永恒的当下，我们去证悟解脱，而不是去管未来的解脱。

这样的话即使你没有真正地证到这个大圆满的境界，也没有关系，我们有这样一种姿态。我们好好修行，好好静心，但是我们只是享受这过程中的美。我们不期望结果，我们不去玄想未来的结果，我们只注重当下的耕耘。耕耘是必要的，一定要耕耘，但不去管未来的收获；而当你真正耕耘的时候，一定会有收获，收获不请自来。当你去期望收获的时候，就增加了执着，就增加了烦恼。

这就是生活的艺术，我们注重每一个当下的耕耘，做好该做的事情，但不祈求那个结果，让结果自然地发生。凡夫众生恰恰相反，老是在期望结果，但是却忘掉了当下的耕耘，不去好好地投入，一直想着结果，做着美梦。

当我们静心，当我们观想，当我们念佛，这个当下就已经是成果了。你还用担心“我修了半天，没什么结果，是不是白修了？”你会问这种傻问题吗？你看刚才大家一念佛，心已经静下来了，这个当下已经解脱了，已经享受了很多的时光了。你还要指望什么结果吗？

这样一来，我们修行的道路，整个菩提之旅，充满了欣喜，充满了庆祝。一路上，我们领略了不同的风光，每到一个高度，我们都看到不同的风景，这样一个菩提之旅是多么的优雅！我们还会去计较将来会不会得什么结果吗？我们不是为了那个结果而活。在登山的路上，享受每一步的风景，人生多么优雅！就好像一场优雅的散步，我们漫步在菩提道上，跟诸佛菩萨像亲近，每一步我们都安定在当下。

有了这种智慧，你就永远就也看不到某些宗教徒的那种问题。有些宗教徒就没有这些智慧，他用世俗的心态去看待修行，用自我的执着去看待修行。我今天坚持打坐，就是为了得到什么成果，我将来会怎么样。把解脱生死当作一个沉重的压力，一个目标，来解脱自己，反而变成了烦恼的众生。本来修佛修法，是要解决烦恼，破除执着，但是当我们智慧不够，搞错了，我们越修越执着。凡夫有凡夫的执着，但是修行人有新的修行人的执着；凡夫有凡夫的自我，但是修行人有一个灵性的自我，打着灵性旗号的自我。从本质上说这种修行人跟凡夫没有什么必然的区别，没有根本的区别，他只是换了一个方式去执着罢了。凡夫是欲求世间的东西，而我们很多修行人呢，在欲求出世间的东西，欲求成佛，欲求将来怎么样超越轮回，把它当作一个欲望来追求，增加了烦恼。

修行的最后结果是一场没有终点的旅程。指望生命能在某个地方停下来，有个终点——哎呀，我解脱了，生命就结束了——这不是真正的圆满，真正的觉悟是没有终点的。我们可以说“无明无始而有终”，无明可以有终点，当我们彻底觉悟的时候，无明结束了，但无明什么时候开始，我们不知道，所以说无明无始而有终。“觉悟有始而无终”，我们开始觉悟了，觉悟了也许有个起点，但觉悟的境界没有终点。这是纵身一跃跳进这个空境，跳进这个无底的深渊，你永远到不了底。如果到了“底”了，就没有意思了，那就是有限的，而解脱是无限的境界。当然肉体是有始有终的，我们讲的是“法身生命”——“慧命”——无终，没有终点。成佛了也没有终点，认为成佛了是一个终点，这是一个狭隘的理解，不是真正的佛，佛永远在这个法界里面，还在继续他的旅程，只不过他是无我的。

什么是真正的觉悟？觉悟是什么？觉悟是进入“伟大奥秘”的入口，这时我们能够了解有一个奥秘存在——宇宙终极的奥秘，但是觉悟不是解开这个奥秘。不是说一个人觉悟了，就真的知道宇宙中的所有的事情——知道我们现在所有的物理学，所有的原子能，所有的计算机知识，所有诸如此类的东西——不是这个意思。觉悟是一种根本的智慧、解脱的智慧，而不是那种具体缘起事物的智慧，具体智慧如何，还是要与诸佛菩萨的愿力有关，不同的愿力有不同的智慧。你要有某种神通，你就要修某种法，不是觉悟了就一定有；觉悟是了解到宇宙终极的奥秘，跟那个奥秘在一起。不是知道一切，而是知道根本；是失掉了自我，融入了无限。但既然是无限，它就是无止境的，你不能把无限的奥秘完全解开。它是觉知到有这个奥秘存在，安于这个奥秘之中，和这个奥秘在一起。这就是终极：没有终点，永恒的奥秘，奥秘中的永恒。

正因为是永恒的奥秘，修行才有它的美，才有它无穷无尽的韵味和意味。如果一个东西有个终点，他把所有的奥秘都解开了，你想想，这样的事对佛是多么的无聊！再也没事干了，出现的所有的问题都解决了，没有任何新的可能性。恰恰是这种无终点、无止境的旅程与永恒的奥秘，才是生命无限的开放性、无限的可能性、无限的意义所在的地方。

34　开启一种新的可能性

这两天的课快讲完了，下面是这门课程的结语部分。讲完结束语，今天下午的课就结束了，这门课程的主体部分也就完成了。今天晚上八点钟，我们还有一个小聚会，来做一个“结业式”，让大家谈谈体会，谈一谈建议，谈一谈希望，谈一谈感受。这是我们这门课程的“附录”，晚上就是一个欢聚的时刻，我就把导师的“戏服”脱掉了，和大家在一起来聊天交流。

这两天的课程，我们讲的这些道理、这些原理和这些方法，到底想提供给大家什么？我要说我所讲的这一切——修道之旅，灵性之旅——不是给你提供一套现成的程序，让你沿着一个固定的方案去做；我是提供一种思路，一种方法，给你开启走上修道之旅的一种可能性，一种完全开放的迈向智慧之旅的可能性。

不要指望现成的答案、现成的程序、固定的模式，以为这样就一定能够解决问题，这种思路不是智慧而是僵化。我们所讲的一切诸如生命论、本体论、功夫论和境界论等等，之所以讲这些东西，是干什么的？不是让你们留在头脑之中，作一种知识化的理解，形成了一套概念的系统；我们是把头脑、思维当作一种工具来应用它，我们的目标是唤醒自己的主人，而不是停留在头脑理解的层面。

我们讲这些东西不是让你变得越来越聪明，越来越投巧，越来越会跟别人辩论——说我学过什么道理了，我可以跟你解说，指出你的错误——不要跟人讲大道理、用头脑去争论。我们是要你开启无选择地觉知的能力，不选择、不判断，超越头脑，而能够去觉知，超越你的认同。所有的认同都会导致执着，形成不同层面的自我，形成你的“群我”，我们要超越这些认同，找到那个“无位真人”，找到那个赤裸裸、无牵挂的充满自由与宁静的那个主人公、那个觉性。用道家的话说，我们不是停留在“识神”的思辨之中，而是要开启“元神”的观照。

我们这两天的课程，不是来帮你解答各种各样的问题。问题可以在理智上得到解答，但那还是一种思想、一种概念，我们是要帮助你从根子上把这个问题解决掉。一个好的老师，他可以不断地“解答”你的问题；但是一个真正的导师，是要帮助你“解决”问题。不是把你的问题回答完就了事了，所有的解答都是在理智层面上的，能给你一个理智的答案；而解决问题是在存在层面上。当一个问题被解决的时候，他不需要被解答，所以关键不是在理论上、在理智上解答一个一个的问题，而是要帮你找到一种方法，去解决那个问题的根源。哲学家、思想家们只是在不断地提出问题和解答问题，在头脑里做着各种各样的游戏，成立他们玄学的系统；而真正的宗教，是直接面对人生问题，要解决人生问题。所以宗教好比是医生，是来治病的，不是来分析病情的，不是建立一套关于病情的理论系统，而是创造一套解决身心问题的方法。

我们所追寻的东西、追寻的境界，不是成功学意义上的成就，不是让你自我越来越美化，然后自我欺骗。在自我的这个层面上去改变，是一种量变；真正的修道，是一种质变，是彻底的“转化”，而不是“转译”。转译与转化是肯·威尔伯（Ken Wilber）提出的重要概念，他认为在所有的宗教当中，大多数宗教徒都是借用宗教的这一套理论来美化自己，来安慰自己，这是一种转译的境界，就是用宗教来重新翻译自己，解释自己，给自己找一点意义。真正的宗教是一种转化，是要彻底转化自我，超越自我，达到“宗教性”的维度，是一种质变。

转译是不断地美化自我，装饰这个自我，转化是超越自我。在修行的起点都有不同程度的转译的过程，但是我们要提醒自己，不要陷于转译的阶段，拿宗教这一套来满足自我。不要停留在转译阶段，要迈向转化，迈向生命彻底的质变。

希望这两天的课程，能够给大家开启一种迈向智慧、促进转化的可能性！

最后我要感谢大家，谢谢你们能够陪伴我走过生命中这一段美好的旅程；感谢十翼书院提供这么好的上课环境以及工作人员的护持；同时我也要感谢我自己，谢谢这两天所有的灵感、耐心与智慧，庆祝这一切！

后　记

传统文化中的儒释道三教，是中国人最重要的心灵土地与精神家园，是中国迈向现代化进程中促进社会稳定与社会和谐的最重要的调节机制。在当今市场经济的环境下，许多人完全陷入了盲目的物欲之中而不能自拔，丧失了起码的道德良心。为了追逐个人或企业的利益不顾一切，造成了环境污染、贪腐横行、造假违法等等危害社会安定的严重后果。儒释道三教都有一套系统的精神修养方法，强调人与自我、人与社会和人与宇宙的和谐统一，这对净化人的心灵、有效化解各类社会危机具有重大的现实意义。

中国不仅要建设经济大国，更要建设文化强国。当今世界，国与国之间的竞争不仅是政治经济领域的竞争，更有文化侵略、宗教渗透等深层次的竞争。一个国家、一个民族如果丧失了精神凝聚力和文化自信心，完全被外来文化所吸引而丧失了文明的主体性自觉，那将是比政治经济领域的衰落更为严重的文化沦陷。中国要实现大国崛起，自豪地屹立于世界民族之林，就必须继承和发展中国优秀的传统文化，建构中国人的精神家园。马克思主义要在中国真正地生根、开花、结果，也必须与中国文化相融合，实现马克思主义的中国化。弘扬中国文化儒释道三教的核心精神，对于增强中外文化交流的文化主体性和文化自觉，平衡外来宗教文化的过度扩张；对于增强中国人的民族自信心和精神凝聚力，建设中华民族共有的精神家园；对于增强国家的文化软实力，提升国家的综合国力和国际形象，都具有深远的政治意义和重大的战略意义。

有识之士已经认识到，人类社会要全面进步、和谐发展，就必须要有科技文明和人文文化的协调发展，人类在改造外在客观世界的同时还必须努力提高人类自身的生命境界。作为中国传统文化的研究者与实践者，我们首先要从自身做起，好好修学，有了切实的体会与受用之后，要想方设法，推广普及中国优秀传统文化的教学，让更多的人明悟生命真谛，净化人心，使和谐社会的理想早日实现！

近年来，我在进行扎实的基础研究的同时，结合自己多年来的修身体悟与修道实践，努力对中国传统文化进行现代的、创造性的诠释，把基础研究的成果拓展为实际的精神产品，让更多的普通百姓能够从中受到教益，为提升人民群众的道德品质和综合素质，推进和谐社会的建设，努力做出自己的贡献。

“观虚斋教学”是在深入研究和实践传统儒释道三教修道智慧的基础上，结合现代多元文化与灵修体系而开发的一整套提升生命智慧、寻求生命超越的修道课程与文化体系。目前除重点推出观虚斋教学的精品课程《宗教智慧与大道养生》外，观虚斋教学课程体系还包括两门基础课程：《修道概览》和《学佛通说》；两门高阶课程：《丹道探秘》和《禅宗妙悟》。未来，观虚斋教学课程将涵盖儒释道三家的基本经典，系统阐释中华修道文化的智慧精髓；同时解行并重，所有的课程都增加了实修指导的环节。

观虚斋教学所讲的"修道"概念是指一个人向着他的可能性的成长，是一种综合的智慧与修养，以使人获得身、心、灵全方位的、整体性的成长，成长为一个真正的、有素质的、身心健康与和谐统一的人，让人获得心灵的自由与解脱。这样的修道课程，不局限于宗教，不属于少数人的专利，不是逃避世间、厌离人世，而是在世间的生活中提升心灵的品质，它属于每一个人，而且是一个人的必修课，是人生至关重要的头等大事。因为没有身心的健康与和谐，没有精神的家园，人生中所有的成就都是无源之水，失去了根本的基础。所以，这种修道课程不是为了某个特定的人群，而是试图为每一个人提供一条探寻生命奥秘、寻求精神家园的道路与成长的可能性。这种意义上的修道，不属于宗教，不同于气功，不同于养生，更不是一般的"成功学"，它实际上就是真理的探寻、智慧的探寻，它承接了远古以来的神圣真理与传统中的精深智慧，同时又加以现代的表述与现代的诠释。

观虚斋教学是继承传统、融会新知的新型教学体系，呈现了一种系统而又开放的全新框架，任何宗教或无宗教背景的人士都可以从中获得一种对精神成长与灵性奥秘的普遍问题与根本原理的理解和掌握，并超越诸修行方法间的藩篱而进行更深入和有意义的探索。

在观虚斋教学的五门课程中,《宗教智慧与大道养生》是核心的精品课程,是观虚斋教学体系的"概论",也是观虚斋教学的世界观和人生观的集中体现。这门课程并不是现成的封闭的体系,而是开放的发展的系列;虽有其不变的核心精髓,但同时也在动态的发展之中。在与学员之间教学相长的互动之中,在每次讲课的智慧展现与灵感激发之中,我也在不断地发展与改进其教学方式与教学内涵,以便更好地、更有成效地为各阶层人士服务。宗教智慧系列著作,是从我历届《宗教智慧与大道养生》课程的录音记录整理而成。目前已经开设了四期课程,计划出四本讲录:《宗教智慧Ⅰ:找回失落的宝藏》、《宗教智慧Ⅱ:让沉睡的佛醒来》、《宗教智慧Ⅲ:点亮自性的心灯》和《宗教智慧Ⅳ:活出真我的风采》。从这一系列的讲录中,读者也可以见证《宗教智慧与大道养生》这门课程不断发展的脚步。

2013年6月22日、23日两天,我在湖南长沙十翼书院首次开讲《宗教智慧与大道养生》,正式推出了这门观虚斋教学的精品课程。两天两晚,我在禅观的境界中展开理论教授与实修指导,让觉性无碍的智慧呈现出来,不时有充满灵感的慧心妙语。静坐与站桩的配合,行禅与坐禅的配合,棒喝交加的方便……既有系统性,又生动活泼;亦讲堂亦禅堂,有理论有实修,充分体现了观虚斋教学解行并重、定慧兼美的宗风!或行或坐,动静一如;时棒时喝,宗风初现。讲则三根普被,疑是大法西来;修则顿渐相资,宛然禅风再现。午夜小参,疑惑尽消而豁然开朗;结业总结,心得分享而共沐法恩。行住坐卧,不离这个;语默动静,无非禅机。弹指合掌，咸成佛因；举手投足，共传妙道。传千圣之心灯，树观虚之宗风，此其时也，亦心慰耳！

这本《宗教智慧Ⅰ：找回失落的宝藏》即是根据这次长沙课程的录音记录整理而成。感谢张婷、吴琦、柳华阳、姚慧芳等学员从录音记录成文字，我在原始记录的基础上加以整编校订、分章标题，就成了本书现在的样子。感谢学员龙登科作序，我的书很少请人作序，但宗教智慧系列的书都将由现场听讲的学员作序，因为他们虽非学者名流，但却可以说出一些真情实感的话，对读者或有参考价值。最后，要特别感谢十翼书院米鸿宾院长，正是他的慧眼独具与远见卓识，才有了这次长沙课程的机缘。

戈国龙

2014年1月18日于观虚斋

图书在版编目（CIP）数据

宗教的智慧. 1，找回失落的宝藏 / 戈国龙著. —北京：华夏出版社，2014.8

ISBN 978-7-5080-8189-2

Ⅰ. ①宗… Ⅱ. ①戈… Ⅲ. ①宗教哲学－通俗读物 Ⅳ. ①B920-49

中国版本图书馆 CIP 数据核字（2014）第 185102 号

宗教的智慧Ⅰ——找回失落的宝藏

作　　者　戈国龙
责任编辑　陈小兰　增　慧

出版发行　华夏出版社
经　　销　新华书店
印　　刷　北京建筑工业印刷厂南厂
装　　订　三河市少明印务有限公司
版　　次　2014 年 8 月北京第 1 版
　　　　　2014 年 11 月北京第 1 次印刷
开　　本　880×1230　1/32 开
印　　张　8.5
字　　数　183 千字
定　　价　39.00 元

华夏出版社　地址:北京市东直门外香河园北里 4 号　邮编:100028
网址:www.hxph.com.cn　电话:（010）64663331（转）